KB165249

Marcelle Stroobants
Sociologie du Travail

This edition was published by arrangement
with Éditions Nathan, Paris
through Shinwon Literary Agency, Seoul

차 례

IV 임금 제도의 변화

서 문

언뜻 보기에 어원을 토대로 구성되는 전통은 노동사회학을 제시하는 데는 적절한 것으로 여겨진다. 실제로 프랑스어의 일하다(travailler)라는 동사는 라틴 속어인 'tripalium이 왜곡된' tripaliare에서 유래되었는데, 이 tripalium은 세 개의 말뚝이 박힌 도구로 말발굽에 편자를 붙이는 노동을 일컫는 단어일 뿐이었다. 이렇게 어원의 맥락에서 따져 보면 '노동자' 라는 파생어는 동물을 학대하는 사람을 지칭하는 것이지 희생자를 지칭하는 것은 아니다! 남자에게는 '이마에 땀을 흘리면서' 가족의 부양을 위해 생산해야 하는 임무가 맡겨졌고, 여자에게는 '고통 속에서' 아이를 낳아야 하는 임무가 주어졌다라는 성서의 표현은 이 한 구절만으로 여러 가지 역할과 고통에 대해 더욱 강한 인상을 심어 준다. 게다가 '진통을 느끼면서' 해산의 고통에 맞선 여인에 대해 말해 무엇하랴? 그러나 남녀의 역할 분담과 억압만으로는 노동의 전형을 규정짓기에는 충분치 않다.

프랑스에서는 프리드만의 주도하에 최초의 노동사회학 연구서인 《노동사회학 개론》을 내놓았다. 여기서 G. 프리드만은 인간의 전형적인 특성인 노동을 '사회를 구성하는'[1] 요소로 보면서, 노동사회학을 우선 '다양한 양상 아래 노동을 위하여 구성된 모든 인간 집단에 대한 연구' 로 규정했다.

이때부터 모든 사회학은 노동 연구에 전념하는 경향을 나타냈다.

---

1) Georges FRIEDMANN, Pierre NAVILLE(éd.), 《노동사회학 개론 *Traité de sociologie du travail*》, tomes I & II, Paris, Armand Colin, 1962.

나빌은 위의 개론서에서 노동사회학보다는 '사회학에 의해 연구된 노동'에 대해 언급해야 한다는 것을 제안했다.[2]

사회학이 출현하게 된 계기는 노동이 사회 생활의 독자적인 영역으로 자리잡게 되는 19세기 사회와 밀접한 관련성을 지니고 있다. 뒤르켐 같은 '일반' 사회학자는 분업을 사회적 결합 요인으로서의 기본적인 역할을 담당하고 있는 것으로 본 반면,[3] 이론의 여지없이 노동사회학을 하나의 사상으로 발전시키는 데 지대한 공헌을 한 마르크스는 분업으로 인해 분쟁이 증대될 거라고 보았다.[4]

노동을 막연히 사회학으로 규정하거나, 혹은 노동에 관련된 학문을 노동사회학에 적용된 학문이라고 추론하는 것은 불가능하다. 그렇다면 노동사회학의 특수성은 어디에 관련되는 것일까? 노동의 관계는 당연히 노동에 대한 분석을 그 출발점으로 구성한다. 그러나 이러한 경향의 가치와 요지는 그 역사에 비추어서만 명확해질 수 있을 것이다.

노동사회학은 초창기부터 기계와 그 주요 인물인 산업 노동자를 연구 대상으로 삼았기에 노동사회학은 산업사회학과 기술사회학으로 제시되어 왔다. 노동사회학의 창시자들은 자신들의 연구 목적에 대해서 의문을 제기하였는데, 즉 작업장에 들어간 학문이 그 전문성에 대하여 과소평가되는 문제, 이같은 노동사회학 연구 시도의 한계를 어디까지 정해야 하는지 등에 관한 문제에 의문을 제기하였다. 노동행위와 노동자의 조건에 대해서 전념하는 연구(제I장) 사이에서 이미 양분된 연구가 이루어졌다. 이러한 상황에서 노동은 구분되고 재조

---

2) 1985년 사회학자들의 공동 연구로 내놓은 《노동과 노동사회학 *Le Travail et sa sociologie*》을 참조할 것. 《비평서 *Essais critiques*》, Paris, L'Harmattan.

3) Émile DURKHEIM, 《사회분업론 *De la division du travail social*》, Paris, Alcan, 1893.

4) Karl MARX, 《자본론 *Le Capital*》, Paris, Gallimard, 1965(1867년 초판).

직되는 양상을 거치게 되고, 그리고 지식과 권력은 재분배된다. 노동의 다기능성에도 불구하고 노동 조직 기술은 시간의 경제성이라는 동일한 목적을 추구한다. 다른 양상으로 보면 이러한 노동의 다기능화는 특수 작업에 대한 노동력의 단절을 가져오게 되고, 결국 노동력의 이동성이 가속화되는 경향을 띠게 한다.(제II장)

시간이 지나면서 경제 활동 인구가 임금 노동자로 전환하는 비율이 높아지면서 노동의 성격에 따라 지급되는 임금의 격차도 커지게 되었다. 그렇다면 어떤 기준에 의거하여 임금의 차등을 두는가? 어떤 자격으로 어떤 직종은 다른 직종보다 세 배나 더 유능한 직종으로 취급받고, 전보다 두 배나 보잘것없는 직종으로 취급받는가? 일의 특징을 평가하는 최근의 시도는 전통적인 토론에 맞서 그 평가에 대한 신뢰도를 많이 잃고 있다.(제III장)

마찬가지로 산업 사회의 변화에 관한 논쟁의 많은 부분은 노동과 노동자를 특징짓는 방식에 관심을 지니고 있다. 사회 변화에 대한 주제는 너무 광범위하면서 동시에 너무 제한적인 정의를 제시한다. 너무 광범위하다는 것은 그 정의가 수공업자의 임금을 구별할 수 없기 때문이다. 너무 제한적인 것은 정의를 노동자의 역할을 손으로 하는 일에만 한정시켰기 때문이다. 직업 활동의 형식과 내용은 산업화 이후로 끊임없이 변화되어 가는데 산업의 관계와 노동 시장의 메커니즘, 전후 상황의 특징은 혼란스러운 경향을 보이고 있다.(제IV장) 노동 인구 내에서의 차이점들이 드러나게 되면서 그 위기는 마찬가지로 회상적으로 노동자 계층간의 이질성을 드러내 주고 있다. 임금 노동자를 비롯한 모든 사람들(비임금 노동자)이 임금 제도 구조에 관련되어 있다는 것은 명백한 사실이다.

이상과 같이 이 책에서 서술할 노동사회학에 대한 총괄적인 분석은 불가피하게 선별적으로 이루어졌다. 프랑스의 노동사회학에 집중된 분석은 고전적인 연구, 그 연구들을 풍부히 해준 난점과 토론에 우선적인 위치를 부여했다. 왜냐하면 종종 문제를 다시 제기하는 데 중요성을 지니고, 개혁의 징후에 그 임무를 지니고 있는 이러한 학문 안에서는 과거의 제반 문제들을 온전히 넘어설 수 없기 때문이다.

I

노동사회학의 토대

공식적인 학문으로서의 노동사회학은 20세기초에 출현한 미국 산업사회학의 맥락 안에 들어간다. 그러나 노동사회학의 접근은 사회관계가 기본적이면서 현대적인 임금 제도의 형태를 갖춘 시기인 19세기부터 시작되었다고 할 수 있다.

1. 임금 노동

임금 제도를 언급하는 사람은 곧 프랑으로 받는 임금을 생각하게 된다. 그런데 이 임금 체계 양식은 동시에 고용 체계 방식이기도 하다. 실제로 임금 노동자는 자영업자나 자유 직업인과는 달리 공기업 및 사기업의 고용주인 다른 누군가를 위해 일하는 사람을 일컫는다. 따라서 고위 관리 · 사무원 · 노동자 혹은 공무원은 일종의 임금 노동자라 할 수 있다. 이같은 임금 관계와 고용 형태는 어떤 범위 안에서 비임금 노동자나 비경제 활동 인구에게 확장되는 교육 체계와 사회법 · 사회보장기구와 마찬가지로 생활 양식과 생의 리듬을 구성한다.

임금 노동의 특징적인 구조는 경제자유주의의 도래와 함께 앙시앵 레짐말부터 그 위치를 차지하게 된다.

장인 노동자와의 비교를 통한 임금 제도

앙시앵 레짐의 원형은 장인 계급으로, 장인은 자신의 생산 수단(작업실, 도구, 초보적인 수준의 기계)에 대한 소유주이자 동시에 노동자의 신분을 지니고 있었다. 즉 물건을 만들 원료를 구입하여 주문받은 상품을 만들고, 그렇게 만든 물건을 직접 매매까지 했던 장인은 관리 역할 · 제조 · 물품 거래 등 모든 역할을 동시에 담당했다. 오늘날 손을 써서 하는 직종(구두 수선공 · 자물쇠 제조자 · 배관공)의 자영업 종사자나 자유업 직종(의사 · 변호사 · 건축가)은 이러한 장인 직종의 형식이 계승된 것이라 할 수 있다.

프랑스 혁명은 단지 개인의 자유만 부여해 준 것뿐 아니라 더 나아가 개인이 원하는 직종에 종사할 수 있는 자유와 일할 수 있는 자유를 부여해 주었다. 1791년에 제정된 샤플리에(Le Chapelier)법은 대부분의 유럽 국가와 마찬가지로 프랑스에서도 쇠퇴의 징조를 보이고 있었던 상인조합 체계를 폐지하기에 이른다.

이에 따라 상업경제 안에서 주문 생산으로 이루어지던 생산과 서비스는 경쟁에 내맡긴 시장에 물건을 대기 위한 대량 생산으로 전환된다. 동시에 노동은 **노동 시장**(marché du travail)이라는 특수 시장의 압력에 맞춘 상품 가격과 동일시되기에 이른다. 노동 시장에서 노동 공급이 줄어들면 노동의 가치는 높아지게 되고, 반대로 실업률이 상승하면 임금은 하락할 위험성이 있다.

따라서 노동력을 기점으로 한 관점에서 장인과 임금 제도 사이의 차이점은 다음과 같이 혼합된 양상을 취했던 영역들간의 분리로 구성된다.

—— 노동과 자본의 분리: 임금 노동자는 자신의 노동 방식(원자재와 작업 도구)과 자신의 노동 생산을 지니지 못한다.

—— 노동자의 능력이 이루어지는 장소와 그 능력이 활용되는 장소간의 분리, 다시 말하면 양성과 고용의 분리로 구성된다.

자본과 노동의 분리

장인과 달리 노동자는 자신이 만든 제품을 스스로 판매할 수 없고, 대신 노동자가 일하고 있는 기업이 판매를 담당한다. 실제로 노동자는 자신이 공들여 만든 물건이나 제조에 기여한 부품을 판매하지 않는다. 노동자는 사용자에게 일정 기간 동안 노동력을 판매한 대가로 임금을 받고 노동을 해주는 사람들이다.

그렇다고 해서 고대 시대의 노예들이나 중세 시대의 농노들과 달리 고용주가 어떻게 해서든지 자신에게 얽매여 있는 상태에 놓이도록 시도할지라도 임금 노동자는 특정한 고용주에게 종속된 것은 아니다. 임금 노동자는 '형식면에서 보면 자유롭게' 자신의 노동력을 판매하는 양상을 띠고 있지만, 노동자에게 있어서 노동은 생계 조건이 되기 때문에 임금 노동자의 자유는 순전히 형식적인 자유가 되는 것이다.

이 형식적 자유의 당연한 귀결은 노동 시장에서 **임금 노동자의 이동성**으로 나타난다. 원칙적으로 고용주가 자신에게 고용된 직원을 어떤 상황에서 마음대로 해고시킬 수 있는 것과 마찬가지로 노동자는 자유롭게 기업을 바꿀 수 있다. 마찬가지로 임금 노동자가 이론적으로 힘을 지니고 있다는 것은 완전히 자유롭게 직업을 바꿀 수 있기 때문이다. 이론적으로 임금 노동자가 이처럼 여러 직업에 고용되는 것에 이를 수 있다는 것은, 인쇄업의 기술자로 일하다가 화학회사에 들어가거나 혹은 광고회사의 직원이 되는 것에 아무것도 문제될 게 없다는 것을 나타내는 것이다. 임금 제도의 발전과 함께 노동자의 이동성 양태는 직장 내에서 부서간의 이동, 노동자의 다기능화, 여러 직책의 재구성 등 다양한 양상으로 나타남과 동시에 기업체와 산업 분야 간에 확장되었다. 반대로 노동력의 상호 교환성은 직업 분화와 기업에 입사할 수 있는 실무 능력에 따라 한정된다. 예를 들어 18세기 중엽에 시작된 노동자의 직무 기록 카드는 노동자의 이동성을 구속하는 기능으로 쓰였는데, 일종의 허가증 없이 노동자는 직업이나 거주지를 바꿀 수 없었다. 고용주는 그 기록부에다 노동자의 입사일과 퇴사일, 노동자에 관한 개인적인 평가와 지불된 보수 금액을 기입해 놓았는데, 이러한 임금에 대한 가불금 실행은 노동자를 회사에 붙들어 놓기 위한 부수적인 방책이었다. 이 노동자 기록부는 19세기말에 가서야 완전히 폐지되었다.

임금 노동자의 이동성은 장인 조직의 동업조합주의와 비교하여 근본적인 차이를 이룬다. 원칙적으로 노동 수단과 대상을 박탈당한 임금 노동자는 노동과의 관계, 재료와의 접촉, 아름다운 작품에 대한 애정을 드러내는 직업에 대한 소명 의식을 간직할 어떤 이유도 지니고 있지 않다. 그렇다고 해서 이러한 논리가 여러 가지 반박을 피할 근거를 마련해 주는 것은 아니다. 여전히 '자신들의(leur)' 기계를 소중히 여기고, 자신들이 소속된 기업을 중요시 여기는 노동자 부류가 존재하고 있기 때문이다. 인생의 3분의 1을 같은 직종에 바칠 정도로 전력을 기울였다면, 어떻게 그 직업에 대한 인식과 정체성·자부심을 가지지 않을 수 있겠는가? 그렇게 얻어진 숙련에 대하여 어떻게 장인에 대한 노스탤지어에 사로잡히지 않을 수 있겠는가? 이와 같이 시대에 뒤떨어진 것 같은 양상에도 불구하고 장인은 여전히 노동의 표상으로 형성되고 있는 것이다. 그러나 장인들의 지위는 자신의 작업실에서 자율적으로 일하는 크리에이터의 회화적이고 독특한 이미지와는 동떨어져 있다. 장인 조직은 숙련 규칙(원료 형태, 노동 과정)과 도제(apprenti)-직인(compagnon)-주인(maître)으로 이어지는 위계 질서, 조직 가입에 대해서 엄격한 규제를 했다. 문자 그대로 장인은 자신의 모든 일생을 같은 직종에 종사하는 데 바친 사람을 일컫는다. 이같은 장인들의 특권은 동일 직종의 조직 내에서나 조직 외적으로 잠정적인 경쟁자에 대항하여 독점권에 대한 엄중한 보장과 견고한 보호 수단을 지니는 것이다. 따라서 조상 대대로 이어져 온 방식과 권한을 부여받은 노동 과정, 개혁에 대한 저항은 앙시앵 레짐의 사회적 조직과 마찬가지로 침체 상태에 빠지는 결과를 초래했다.

직원 훈련과 고용 간의 분리

자꾸 단련해야 숙달한다는 격언은 말할 것도 없이 장인의 수련 전통을 상기시키는 표현이다. 8-17세로 구성된 어린 도제가 주인 밑으로 들어가 일을 배우는 이러한 동거 양식은 계약으로 규정되었는데, 그 계약서에는 직종에 따라 다양하게 나누어진 도제 수련 기간(예를 들어 요리사는 2년, 모자 제조업자 집에서는 12년), 한 명의 주인이 받아들일 수 있는 최대 도제수와 도제의 부모가 지불해야 할 도제의 숙식비가 지정되어 있었다. 수공업의 주인은 개개의 도제에게 숙식을 제공하고 기술을 전수해야 하는 의무와, 도제를 보호 · 감독하고 처벌을 내릴 권리를 지니고 있었다. 만일 도제가 도망갔다면 주인은 1년간 다른 도제로 교체할 수 없었고, 1년이 지나면 도망간 도제는 완전히 그 직종에서는 해고당한 것으로 처리되었다. 도제 수련 기간이 지나고 나면, 도제는 노동자나 집사를 거쳐 직인의 지위를 얻을 수 있었다. 직인은 심사원들 앞에서 직인의 위치를 지키며, 규칙을 위반하지 않고 자신의 직업에 '성실히 올바르게' 종사할 것을 맹세해야 했다. 수공업의 주인과 직인은 동일 직종조합의 협력자 관계에 있었고, 임금 지불에 대해서는 구두 계약으로 체결했다. 직인이 수공업의 주인 단계에 이르기 위해서는 다시 심판관들의 질문에 답하는 과정을 거쳐야 했고, 이와 함께 장인조합에 가입금을 지불해야 했으며,

때로는 왕에게 세금을 납부해야 했다. 15세기부터 시작된 값비싼 명품을 만들어야 할 의무와 점점 더 막대해지는 가입금은 수공업의 주인이 되는 것을 더욱 어렵게 하는 요인이 되었다.

노동력이 유동적으로 되면서부터 기업 내에서 실시하는 직원 교육, 훈련이 기업주에게는 위험한 투자로 제시되었다. 이에 따라 무엇 때문에 곧바로 경쟁회사에 자신의 능력을 창출시킬 위험이 있는 노동자를 훈련시키는 데 시간과 에너지를 소비하는가라는 회의론이 득세하기 시작했다. 동시에 **학교 교육**(formation scolaire)이 임금 제도와 관련하여 발전되었다는 것을 인식하는 것은 그리 새로운 사실이 아니지만, 19세기말에야 아동 노동을 제한하는 조치와 의무 교육에 대한 법(1882년 프랑스)이 제정되었다는 것은 적잖은 충격을 준다. 이 두 가지 현상이 서로 연결되어 있다는 사실은 정치 토론에서 분명하게 드러난다. 도덕적 논리에 그 토대를 두어 아동의 노동을 금하면서 어린아이들이 거리에서 방황하지 않고 도덕적으로 더 비참한 상태에 빠지지 않도록 보호해야 한다는 의무를 제시했다.

이렇게 되면서 학교는 단순히 보편적이고 혹은 전문적인 지식을 전달해 주는 것에서 더 나아가 예전에 수공업의 주인집에서 교육이 이루어졌던 미래의 임금 노동자[1]가 지녀야 할 행동 양식에 대한 교육을 시킬 의무가 부여되었다.

농촌수공업

다른 것의 규범을 구성하는 제도는 제외한 지배 영역이 바뀌면서

---

1) 임금 노동자에 대해서는 Claude GRIGNON, 《사물의 범주 *L'Ordre des choses*》《기술 교육에 대한 사회 기능 *Les fonctions sociales de l'enseignement technique*》을 참조할 것, Paris, éd. de Minuit, 1971.

점차적으로 장인의 신분에서 임금 노동자로의 전환이 이루어졌다. 실제적으로 미국 · 유럽 · 일본 같은 산업 국가의 경제 활동 인구가 85-90퍼센트로 나타나는 시점에서 더욱 많은 비율의 장인 노동자가 임금 노동자로 전환했다. 오늘날에도 고전적인 직종 형태가 여전히 존속하고 있는 것처럼 앙시앵 레짐 시대에도 장인 조직의 규범을 따르지 않는 노동자, 공무원과 군인 또한 '일용 노동자' 와 하인이 존재했다. 17세기에 들어서면서부터 요리사와 농가의 하인은 자신들의 노동력을 팔기 위해 손에 도구를 들고 노동 시장에 자신의 노동력을 내놓았다. '신분적으로 자유로웠던 이들 노동자들' 은 거래를 체결한 주인집에 일정 기간 고용되어 농가의 가내 작업에 관련된 일을 했다.

19세기까지 봉건 제도의 지배하에 있었던 농촌경제는 부분적으로 도시의 동직조합 조직에서 벗어나 있었다. 농가 가내 작업은 농업 활동과 상업적인 거래를 통해 보수를 받는 노동이 결합된 것으로, 이같은 상황에 따라 면 · 양모 · 레이스 · 시트를 생산하는 섬유공장이 급속도로 발전했다. 연소자 및 부녀자를 포함한 온 가족은 막대한 생산 활동을 위해 동원되었다. 이러한 **가내 노동 체계**(domestic system)는 경제 발전 정도에 따라 세 가지 단계로 구성되었다.

—— 자급자족경제로 이루어지는 단계로 고전적인 농촌수공업 형태: 농가 자체 내의 생산 방식으로 제조한 삼베 같은 천을 판매하는 형식이다.

—— 생산품에 대한 통제권은 없지만 생산 수단의 소유권을 지니고 있는 반수공업 형식: 가내수공업자 소유의 베틀기로 직물을 짜거나, 혹은 '선대주(putter outer)' 가 수공업자들에게 원료를 선대하여 원하는 물건을 만들게 하고 시장에 내다 파는 선대제 형식으로, 원자재 값이나 생산품 판로 가격은 상인의 통제하에 놓인다.

—— 자본과 노동이 분리되는 보다 '근대적인' 방식의 단계: 자본이 없는 수공업자들이 상인들이 제공한 원료와 베틀로 일정량의 삼베

를 짜주고 임금을 지급받는 임금 노동이 시작되는 단계라 할 수 있다.

이외에도 특정 양상에 대한 변화가 분명하게 나타났는데, 즉 물품과 현물로 임금을 선불하는 지급 방식은 마침내 수공업자들을 고용주-상인에 의해 강요되는 일정한 형식에 예속시키는 결과를 낳았다. 13세기부터 플랑드르 지역에서 실행된 이 **현물지급제**(verlag system 혹은 truck system)는 14세기에 피렌체의 나사 제조업에서 실시되다가, 17세기에는 영국 · 독일 · 프랑스(특히 레이스 산업 분야)까지 확산되어 갔다. 이 개수 노동은 시장경제가 조직되면서 새롭게 발전될 가혹한 노동 형태인 '노동자 착취 제도(sweating system)'로 변화된다. 노동자 집단을 공장의 노동자로 들어가게 하는 길을 열어 준 저임금의 가내 노동은 공장제 수공업과 공존하게 되면서, 실제로 산업의 집적과 기계에 대한 투자는 많은 양의 생산의 판매가 확실시될 때에만 이익을 얻을 수 있었다. 이렇게 가내 노동과 공장제 수공업의 결합 관계는 19세기 영국 농촌이 빈곤화되는 원인을 제공했다.

시장의 교훈

왜 시장경제는 임금 노동자의 유동성을 필요로 하는가? 안정적이고 일정한 임금의 보장이 노동 시장의 기능에 제동을 가할 위험이 있다는 것은 무엇 때문인가? 이러한 질문 사항에 응답하기 위해 먼저 스핀햄랜드(Speenhamland)[2]의 역사적인 사건에 대해 고찰해 보도록 하겠다.

스핀햄랜드는 영국의 버크셔 주 뉴버리 근처에 위치한 자그마한 마을로, 감동적이면서 한편으로는 참담한 사회적 경험을 했던 마을이

---

2) Karl POLANYI, 《위대한 변형 *La Grande Transformation*》, Paris, Gallimard, 1983(1944년 초판).

다. 엘리자베스 1세 치하 시대에 제정되어 1601년부터 영국에서 적용된 구빈법(poor law)은, 구빈원(workhouse)에 수용된 빈민에게 원조를 제공하고 일자리를 마련해 주는 역할을 했다. 성당 교구에서 직접 설립한 이 구빈원은 저임금의 노동력, 즉 '성당 보호소에 있는 숙련공'을 공장주에게 제공했다. 이 구빈법의 제정으로 일자리를 구하지 못하고 있던 가난한 사람들은 도움을 요청할 권리를 지니게 되었고, 구빈 자금은 부동산 세입, 구빈세로 조달되었다.

영국의 산업이 비약적으로 발전하는 시기를 맞아 1795-1834년 구호법 체제는 자본주의 발전에 필요한 노동 시장 메커니즘에 역행하는 방식으로 확장되어 나갔다. 1795년 5월 6일 버크셔 주의 관리들은 스핀햄랜드의 펠리컨 여관에 모여 최저생계비에 대한 원칙을 일반화시키는 체계를 설정하여 스핀햄랜드 체제에 의해 보완되는 구빈법을 제정했는데, 기존의 구빈법이 실직 상태에 있는 빈민들에게만 수당을 지급했다면 새로 보완된 스핀햄랜드 체제는 일자리를 지닌 사람들이나 무직자를 상관 않고 모든 빈민들에게 수당을 지급했다는 차이가 있다. 새로 개정된 구호법 철학은 가족의 소득과 생활비를 고려하여 각 가족의 생존권을 보장해 주는 것, 즉 가족의 식비에 맞춘 구빈 자금을 무직자 및 최저생계비 이하의 급여를 받는 산업 노동자들에게 보조금을 지급하는 식으로 구성되었다.

이 체계를 구성하는 문제점에도 불구하고 영국 대부분의 지역에서는 약간의 시기적인 차이를 두고 빈민 구호 수당이 채택되었다. 이러한 상황에서 보조금을 지급받는 노동자에게 있어서 임금에 따라 기업을 선택하는 당위성이 없어지게 된다는 것은 당연한 귀결이다. 결국 고정 수입이 보장된 노동자는 일을 해야 할 이유가 없게 되는 것이다. 고용주가 지급하는 임금이 예상된 보조금보다 높을 경우에는 어떤 일이 벌어지게 되는가? 교구에서 어떤 식으로든 그 상황에 대처하여 수당을 지급하는 것을 알고 있는 고용주가 서슴지 않고 최저임금을 지급할 수 있기에, 이런 상황은 농촌에서는 거의 발생하지 않는 매우 예외적인 경우에 속한다.

우선 최저생계를 유지하게 하기 위한 이러한 조처는 매우 대중적인 인기를 얻었다. 가족의 부담은 가벼워졌고, 산업 예비군이 증대되면서 고용주들은 마음대로 임금을 절하시킬 수 있었다. 이제는 아무도 굶어죽는 위험에 처해지지 않게 되었다. 인간적인 선의는 충족되었다. 납세자 · 지주들은 자신들이 낸 세금이 자선사업의 재정적인 뒷받침으로 쓰인다는 것을 인정하기만 하면 되었다.

그러나 스핀햄랜드의 허술한 체계는 얼마 지나지 않아 필연적인 결과에 도달하고 만다. 이 체계를 실시한 지 몇 년 되지 않아 임금을 줄이려는 고용주의 성향만 확장되면서 노동 생산력이 감소하기 시작했고, 동시에 농촌 인구는 점차로 감소되었다. 새롭게 등장한 고용주 계층은 경제 활동 계층과 비경제 활동 계층이 혼용된 채로 구성되었다. 이렇게 볼 때 빈민 구제는 역설적으로 빈곤이 확산되는 원인을 제공했다. 논리적으로 스핀햄랜드 체계는 결국 임금 노동의 폐지에 이르게 하는 결과를 초래했다. 최저생계비에도 못미치는 임금을 받는 노동자가 속출했고, 모든 주민은 교구에서 부양 책임을 지고 있었다. 그러나 농촌 주민의 정신은 이러한 휴직(나태 · 무활동) 상태에 저항을 나타냈지만, 전체적인 빈곤에 대비하기에는 역부족이었다. 다른 면으로는 이 구호 체계가 반대되는 결과를 초래했다는 것을 생각해볼 수 있다. 실제로 조합 조직은 보조 수당이 실업자에게만 지급되도록 압력을 가할 수 있었을 것이고, 이러한 책략은 더 높은 임금, 즉 임금의 역할을 요구하는 것을 시도하게 할 수도 있었을 것이다. 그러나 장인 노동자들과 마찬가지로 체계적인 조직 체제를 갖추지 못한 농촌에 산재해 있던 노동자들은 노동자 연합을 금지하는 것에 맞서 대응할 충분한 힘을 기르지 못했다.

이처럼 구빈법의 폐해를 겪고 난 후 뒤늦게서야 **시장경제는 노동**

으로 확대된다는 교훈을 얻었다. 노동이 하나의 상품으로 대우받기 위해서는 노동 가격이 안정될 수가 없다. 따라서 임금 체계는 공공 기금에서 지급되는 보조 임금과 양립되지 않는다. 실제로 노동 시장의 메커니즘은 임금 노동자의 행동 양식이 그들이 받는 임금에 의해 결정된다는 것을 요구하는 것이다.

결국 스핀햄랜드 체제는 공장주들의 압력으로 1834년 폐지되기에 이르면서 구빈법은 급격한 개정 단계에 들어갔다. 빈민 가구에 대한 구제가 폐지되고, 구빈원(workhouse)은 빈민들뿐만 아니라 범죄자를 수용하는 영역으로 확대되면서 행정부의 감독을 받는 강제노동수용소가 되었다.

1795년부터 맬서스는 《인구론》에서 빈곤의 원천이 되는 자선을 비난했다. 19세기에 들어와 멜서스의 학설은 "구조는 더 이상 빈곤이나 자선에서 오는 게 아니라 노동에서 오는 것이다"라는 이론으로 통용되기에 이른다. 이후로 자선을 행하는 것은 먹을 것을 제공하는 것이 아니라 일자리를 제공해 주는 것을 의미하게 되었다. 이에 따라 빈곤은 나태의 동의어가 되었고, 재산을 보유했다는 것은 그 사람의 능력이나 자질로 인정받았다.

2. 노동사회학의 태동

역설적이게도 노동을 부의 원천으로 가치를 부여한 시대에도 여전히 전반적인 노동 조건은 명백히 열악한 상태에 있었다. 이처럼 노동과 노동 조건 간의 대립 관계는 학자들로 하여금 다양한 사회적인 현상과 그 현상들을 개선시키려는 관점을 분명하게 결합시키고자 하는 일련의 탐구를 시도하게 했다.

공식적인 학문으로서의 노동사회학의 형성은 20세기초 미국 기업에서 시작되었다. 그러나 노동 관계와 관련하여 작업장 이외의 영역에서 이루어진 연구도 인정하는 노동사회학이 대두된 시기에 대해서는 명확하게 구분할 수 없게 되었다. 이에 따라 노동사회학의 기원은 확대되어졌고, 19세기에 자리잡기 시작한 노동사회학의 동향과 사회적 실천, 관찰 기술도 포함시키기에 이른다.

노동사회학의 모든 선구자들을 세부적으로 나열할 수는 없다 하더라도, 방법론과 이론적인 틀을 형성하여 다양한 양상으로 노동의 사회학적 접근을 시도한 사상가들과 관찰자들의 공적은 살펴보는 게 올바른 순서일 것이다.

노동 사상가들

귀족 가문에서 태어난 생 시몽(1760-1825)은 사회 제반 현상에 대한 비판과 분석으로 세간에 알려지게 된다. 초기에는 생리학과 물리학에 토대를 둔 과학적인 방식에 기초하여 인간 현상을 다루는 학문 연구에 몰두하나가, 그후 성직자와 귀족의 권력을 드러내는 데 치중했다. 자유주의에 근거한 그의 저서 《산업 체계》(1820)에서는 다양한 신분과 소득보다는 공동 이해 관계에 우위를 두었다. 《새로운 산업 사회》에서는 가장 '능력 있는 사람들(compétents),' 즉 학자 · 예술가 · 장인들이 주도하여 사회를 이끌어 가야 한다고 주장했다. 과학론에 기초한 생 시몽의 경제적 합리성은 '인간적인' 것에 초점이 맞추어진 것으로, 주요 저작인 《새로운 그리스도교》(1825)에서는 기업 정신을 고무하면서 종교가 프롤레타리아 계층의 삶을 개선시키는 것을 모색해 나가야 한다는 주장을 폈다. 특히 사회주의와 실증주의를 결합한 생 시몽의 '기술관료' 이론과 '종교' 개혁주의 사상은 후세의 이론가들에게 지대한 영향을 미쳤다.

사회불평등의 근원을 이루는 사유 재산의 제한이나 폐지, 협업, 자원과 재정의 집단 관리, 직접 교환 등 사회주의 사상의 중심을 이루고 있는 이러한 이론들은 마찬가지로 매우 구체적이고 다양한 사회 연구들에 따라 '사상의 변화'를 겪은 공상적 사회주의의 요소를 지니고 있다. 국가사회주의를 지지한 블랑(1811-1882)은 국립작업장에서 일하는 노동자들의 연합 프로그램을 옹호했다. 푸리에(1772-1837)는 노동은 한정된 비전문적인 일자리만을 차지하게 된다고 주장했다. 그에 따르면 뉴턴의 보편적인 물리적 질서에 상응하는 사회 질서가 존재하며, 양자의 질서는 각 8단계로 상승하면서 발전되어 나가는데 이 중 최고 단계인 '조화기(Harmonie)'에 토대를 둔 이상적인 사회를 제시하는 것에 주안점을 두었다. 그는 사회가 농업 공동체라 할 수 있는 생산자 협동조합인 팔랑스테르(Phalanstère) 조직으로 분할됨으로써 이러한 조화 단계가 창출되고, 이 조직 안에서 개개인은 즐겁게 일할 수 있는 다양한 노동에 접근할 수 있다는 것을 주장했다. 식자공으로 일했던 프루동(1809-1865)에 의하면 노동은 인간 존재의 근거이고 부에 대한 유일한 합법적 원천으로, 노동자에게 결합 노동의 산물로 얻은 이익을 포함하여 개개 노동의 전산출물을 돌려 주어야 한다고 주장했다. 이에 따라 프루동은 집단 이익의 경향을 띠고 있는 노동자 연대 조직은 유일하게 공평한 사회 조직 형태라고 주장했다.

공상적 사회주의자 가운데 카베 · 오언은 공상적 사회주의 건설에 대한 사회적 이상을 넘어 공동체의 창설자 혹은 공장 경영주로서 협동주의 사상을 그들 조직에 적용하는 실험을 단행하였다. 카베(1788-1856)는 공산당 조직에서 추방당한 후 《이카리아 여행》이라는 소설을 출간하고, 그 속에서 제안한 모델에 따라 멤피스에 사회주의 공동체를 창설했다. 사업가였던 오언은 미국 일리노이 주에 '뉴 하모니(New Harmony)' 촌을 설립하여 거기에 협동 마을(Village of Union) 계획을 적용시키려고 시도했다. 그는 1840년에 고댕 공장을 창설하고, 우아즈 해변가에 푸리에의 팔랑스테르에서 영향을 받은 귀즈 협동조합주택을 지었다. 주거지와 탁아소 · 연회실로 이루어진 '협동조합주택' 은 공동체 생활을 토대로 하며, 공장에서 나온 수입은 공동 관리로 이루어진다.

라파르그(1842-1911)는 해학적인 필치로 프롤레타리아 계급이 노동의 신화를 바꿀 것이라고 주장했다. 그는 자신의 이름으로 된 팸플릿에서 나태할 권리를 권장하며 소비 능력을 무한대로 증대시키는 필요성이 제시되는 자본주의 경제의 모순을 꿰뚫어 보았다.

이론가이면서 동시에 사회 변화의 관찰자인 마르크스는 가장 많이 인용되는 노동사회학자 중 한 사람이다. 널리 알려져 있는 것처럼 마르크스는 《공산당 선언》(1848, 엥겔스와 공동 저술)의 저자이면서 철학자 · 역사학자 · 경제학자이기도 하다. 마르크스에 의하면 노동에는 기술적인 수단과 사회적 조직으로 구성된 이중적인 의미가 있다고 보고, 그것을 통하여 인간은 '자연' 조건을 고유의 생계를 산출하기 위한 것으로 변화시키는 데 도달한다고 주장했다.(《자본론》, 1867) 다시 말하면 마르크스는 개인을 출발점으로 삼은 자유주의자들과 달리 '생산 양식' 과 '생산의 사회적 관계' 에 따른 사회 조직을 출발점으로 세웠다. 이러한 생산 양식은 분업 구조 · 생산 수단 · 사회 계층의 구조로 특징지어진다. 이 생산 양식은 필수적인 일정한 변화 체제가 지속되는 단계로 나타나는 것이 아니라 사회 구성체 내에서 결코 완전하지도 완성되지도 않은 '지배적인' 생산 관계의 영향에 조응하여 이루어진다. 따라서 자본주의가 지배하고 있는 경제에서는 봉건 제도의 흔적이 여전히 잔존하고 있다. 마르크스에 따르면 각 사회 구성체는 다양한 구조를 양산할 수 있는 팽팽한 긴장 관계와 모순을 지니고 있다. 예를 들어 봉건 질서와 항해 기술로 가능해진 무역 활동 간의 대립 관계 안에서 태어난 상인 부르주아 계층은 공장제 수공업과 공장을 발전시키고 봉건 질서를 타도하기 위해 기계화를 이용했다. 사회 계급은 생산 체계 내에서 개인의 역할과 점한 위치로 결정되는 것으로 계급 구조는 노동과 직책의 구분으로 형성되는 것이 아니라 '세습적으로' 전달되는 방식으로 이루어진다. 따라서 사회 역사는 이러한 계급들간의 투쟁의 역사라 할 수 있다.

마르크스의 노동 운동과 노동사회학 이론에 대해서 프루동은 이견의 대립을 보였다.[3] 이들 두 사람이 자본에 의한 노동자 착취와 잉여가치의 수탈을 폭로하는 것에 의견의 일치를 보이고 있다면, 이들은 사회주의 모델과 사회주의에 도달하기 위한 수단에 대해서는 격렬하게 대립하고 있다. 장인 노동자 출신인 프루동에게 있어서 장인 계급에 대한 향수는 분명하게 드러나는데, 그는 세분화된 부분 작업을 재결합할 것과 일관 조립 작업을 재구성할 것을 제안했다. 이같은 프루동의 제안에 대해 마르크스는, 노동자는 머리핀의 12번째 부분을 만드는 대신 계속해서 12번째 부분을 제조하는 예를 들어 설명하면서 반박했고, 결국 마르크스의 자본주의 생산 과정에 대한 비판자본주의의 개혁을 단행하는 결과를 가져왔다. 특히 마르크스는 공산주의 사회의 도래와 함께 노동에 할애하는 시간이 대폭으로 감소하리라는 것을 내다보았다.

노동을 최상의 가치로 삼는 산업 사회의 분석은 동시에 다양한 경험적 조사방법론에 기반하는 연구에 의해 한층 발전되었다.

프랑스와 벨기에의 노동사회학 연구

이미 18세기에는 대대적인 규모의 인구 조사가 처음으로 실시되었고, 19세기에 들어와서는 사회관찰기구 · 조사기구 · 인구통계조사기

---

3) Mateo ALALUF, 《노동 시간 *Le Temps du labeur*》《노동사회학에서의 노동자 양성, 고용, 자격 Formation, *emploi et qualification en sociologie du travail*》, Bruxelles, éd. de l'Université de Bruxelles, 1986.

구가 구성되었다. 이후로 정보 수집 과정이 체계화되기에 이르고, 이렇게 얻은 **정보 수집**은 인구통계학 · 산업 현상 · 교육 현상 · 범죄 행위에 적용되었다.

1830년대에는 보고서와 연구서를 정기적으로 발표하는 학회가 크게 증대하면서 노동사회학 연구는 단순한 서술 형식에서 벗어나 경험사회학의 기초를 구성하는 조사 방법(설문지, 면접 지침서 등), 수량 방식(통계학 분석), 질적 접근(관찰, 비교 연구)을 형성했다. 이렇게 과학적인 방식을 인간 활동에 적용하려는 시도는 사회 통제 시도와 휴머니스트 · 박애주의 · 위생학자들의 연구와 결합하여 이루어졌다. 19세기 중반부터 노동자 계층은 위험한 계층이라는 등식에 대한 실험이 실시되었고, 1840년에는 파리 윤리 · 정치학회 주체로 '프랑스와 벨기에의 노동자 계층의 빈곤' 이란 주제하에 실시한 논문 경시대회에서 E. 뷔레에 수상을 안겨 주었다. 이를 계기로 노동사회학의 연구는 모든 것을 인식하는 방법론, 즉 '가난한 사람들(misérables)' 의 조건을 포함해 모두 관찰하고 모두 측정하는 연구 방법이 사용되었다.[4] 벨기에의 천문학자 · 수학자 · 사회공학의 창시자인 케틀레는 특히 사회통계학과 범죄통계학에 대한 체계적인 연구를 시도했다. 그는 《빌레르메에게 보낸 편지》(1832)에서 혁명을 피하고자 하는 자신의 목적을 명확하게 밝혔다. 또한 《사회물리학》(1838)에서는 통계학이 측정 도구로서뿐만 아니라 사회 통제와 도덕적인 계몽에 대한 도구로 적용된다는 것을 나타내고자 하면서 통계학에서 나온 결과가 규범이 된다는 것을 주장했다. 케틀레는 '보통 사람' 의 개념을 인간 특질 측정이 정규 분포 확률 곡선에 따라 그 값 주위로 나타나는 중간

---

4) Louis CHEVALIER, 《19세기 후반 위험한 계층으로 인식된 파리의 노동자 계층 *Classes laborieuses, classes dangereuses à Paris pendant la deuxième moitié du XIXe siècle*》, Paris, Hachette, 1984(1959년 초판).

값으로 나타내면서, 이 중간값에 해당되는 사람을 사회적으로 바람직한 모델로 형성했다. 케틀레의 연구로 개혁가나 민중주의자들의 점유물이었던 노동자의 조건에 대한 폭넓은 조사가 병행되었다.

빌레르메(1782-1863)는 의사 · 도덕학자이며 케틀레의 《빌레르메에게 보낸 편지》의 주인공으로, 물하우스 지역의 섬유공장에 관한 조사로 대중에게 널리 알려졌다. 빌레르메는 1840년에 발표한 노동자의 육체적 · 도덕적 상태에 관한 도표에서 처음으로 프롤레타리아 계층이 불안정한 상태에서 살고 있다는 것을 증명해 보였다. 그는 건강이 양호하고 부양가족이 없는 노동자만이 저축을 할 수 있었고, 북부 지역에 거주하는 대다수 제조업자들의 하루 노동 시간이 13-15시간에 달한다는 것을 나타냈다. 또한 양모공장이나 면공장에서 기계를 감시하는 고된 노동으로 기진맥진해진 아이들은 자신들이 일한 노동만큼의 돈을 벌지 못했다는 것도 드러냈다. 그는 '모든 것을 보고 듣고 인식하게' 하기 위해서 관리들, 다른 동료 의사, 고용주, 노동자들의 모임 개최를 주도하기도 했다. 빌레르메는 자신의 이론에 우선 경제적 해석을 끌어넣어 '산업의 조건'이 되는 경제 위기는 '직업을 가지지 못한 노동자들을 모든 것이 결핍되는 상태로 만들어' 극심한 빈곤으로 몰아넣는다는 것을 증명하고자 했다. 이어서 그는 노동자들이 '빈곤에 대한 처방은 올바른 관리와 벌어들인 수입을 전부 소비하지 않겠다는 불굴의 의지 안에 있다는 것'을 완전히 망각하지는 않았다고 결론을 내린다. 암담한 상황을 드러내 주는 이 도표는 박애주의자와 개혁주의자에 충격을 주면서 1841년에는 연소자의 노동을 제한하는 일련의 법을 시행하는 데 박차를 가하게 된다.

19세기 중반 사회경제는 르 플레(1806-1882)가 주창한 운동으로 비약적인 발전을 하게 된다. 광산기술자였던 르 플레는 15년간 유럽 지역을 돌아다니면서 유럽 서민 계층의 생활 조건을 탐구했다. 이렇게 얻은 연구 결과를 토대로 1855년 노동자 가족에 관한 36개의 논문이 수록된 6권의 책 《유럽의 노동자들》을 출간했다. 그는 사회학자로는 처음으로 과학적 사회학을 도입했고, 《관찰방법론 지침》(1862)에서는 세 가지 원리에 따라 자신의 연구 방법을 일반화했다. 첫째, 사회 현상을 관찰한다; 둘째, 직접 관찰로 파악되지 않은 것들은 노동자에게 질문한다; 셋째, 노동자 가정을 알고 있는 친지의 증언을 토대로 얻은 정보를 완성한다. 르 플레는 "모든 현상은 단지 현상일 뿐이다"라고 주장하면서 노동자 계층의 가족사와 가족의 사회 계층, 가족의 직업, 재산, 가족경제 구조 등 총 16개의 항목으로 나누어진 '목록'으로 구성하여 노동자 계층의 다양한 현상을 서술했다. 또한 모든 논문에 부록을 싣는 형식으로 구성하여 논문에 개재되어 있는 모든 정보에 대한 비교분석과 지표를 제시할 수 있게 했다. 이처럼 르 플레는 사회 현상에 대한 연구 방법을 진일보시키는 공적을 쌓았다.

이같은 '미시적인' 접근은 한 사회 상태를 파악하기 위해 가족이 관여적 단위를 나타낸다는 가설에 기초하고 있다. 따라서 이러한 방식의 선택은 르 플레 이론의 골격을 이루고 있다. 보수주의자이면서 동시에 개혁론자인 르 플레는 연구자이기보다는 기독교 사회주의, 즉 가톨릭 전통에 의거한 온정주의 이론가에 더 가깝다고 할 수 있다. 그는 부부로 제한된 가정뿐만 아니라 보다 확대된 가족과 가부장 사회와 개인 소유와 노동, 덕과 부의 원천에 기초한 사회 모델을 권장했다. 그는 한 국가의 엘리트들로 구성된 '사회 권위자들'이 자발적으로 사회 제반 문제를 해결해야 하는 임무를 맡고, 국가의 통제로 생산 · 소비협동조합이 이루어져야 한다고 주장했다.

1856년 르 플레는 노동자 조건에 대한 연구를 촉진시킬 목적으로 사회경제협회를 창설했다. 뒤를 이어 사회평화협회와 사회과학실천학파 등 학회 조직을 구성해 나갔다. 사망하기 얼마 전에는 자신의 연구 성과와 이론을 전파시킬 목적으로 《프랑스의 사회 개혁》(1882)이라는 잡지를 창간했다. 1880년경 절정에 달한 르 플레 운동은 정통

파와 진보주의자로 구성된 사회경제학파와 자유주의 성향을 지니고 있는 사회과학학파 간의 경쟁 관계로 돌입하는 추세를 나타냈다.

19세기말 사회주의의 비약적인 발전과 함께 사회경제라는 용어는 사람들의 기억 속에서 사라지는 듯하다가 제2차 세계대전이 끝난 후에 노동조합주의 연구를 지칭하는 데 다시 사용되었고, 최근에는 상호 협동 조직 분야를 지칭하는 것으로 쓰이기 시작했다.

1846년부터는 벨기에의 뒤페티오를 선두로 가계 지출에 대한 심도 있는 연구가 증대되기 시작하다가, 후에는 영국에서 발전되었다. 독일의 통계학자인 엥겔(1821-1896)은 가계 비중에서 차지하는 식비 지출은 소득이 낮을수록 높아지고 소득이 높을수록 저위에 머문다는 것을 나타내는 소비 법칙을 끌어내려고 시도했다. 엥겔의 전통 이론은 홀바하(1877-1945)에 의해 재검토되어 생활 조건 · 노동 조건과 노동자 계층의 구상을 결합하는 데 사용되었다.[5]

영국의 사회학 연구

벨기에와 마찬가지로 통계학과 구호 단체의 개혁에 의한 조사와 사회 통제를 결합한 유사한 운동이 영국에서도 동시에 발전되어 갔다. 노동자 동맹 조직의 금지에도 불구하고 개신교에 의해 고취된 사회기독교주의 조류가 1850년에 태어났다. 노동자 착취 제도(sweating system)에 의한 노동자들의 착취에 저항하면서 노동자 동맹은 노동조합주의(syndicalisme ouvrier)가 시행되는 데 커다란 공헌을 했다. 앞에서 보았듯이 구빈원과 스핀햄랜드에 실시한 실험(1795-1834)은 구제

---

5) Maurice HALBWACHS, 《노동자 계급과 생활 수준 *La Classe ouvrière et les Niveaux de vie*》, Paris, Alcan, 1913. (소르본대학교에서 처음으로 노동자 계층에 대한 논문 주제로 박사 학위가 수여됨.)

사업 전통에서 효율성 논리로 변화되어 가는 과정을 보여 주고 있다.

1830년대에는 공장주 · 은행가 · 제사 공장주들의 발의로 맨체스터와 런던에 통계학회(statistical societies)가 창설되었다. 이 학회의 목적은 빈곤 퇴치보다는 노동자 계층의 '도덕적 · 지적 조건'을 평가하는 데 더욱 중점을 두었다. 이 학회에서 중점을 둔 관찰 방식은 노동자를 직접 '방문'하는 것으로 조사자들은 조사 대상 '영역'——노동자 가정——을 방문해 설문지를 돌리거나 인구 과잉, 지속적인 종교 생활 여부, 정기적인 학교 생활, 문자 해독 능력, 위생 상태, 안락한 가정 등에 관한 표준에 맞춘 정보를 수집하는 방식을 사용했다.

정확하게 구빈법 개정 실시에 대한 검토가 이루어진 1840년에는 공식적인 조사 연구가 증대했다. 행정조사원들은 구빈원(workhouses)을 방문해 음주 습관, 저축 실행, 주일 미사 참가 여부, 신문 구독 등에 관한 조사를 펼쳤다. 고위 공무원이었던 채드윅은 영국 대도시의 위생 상태에 관한 심도 있는 조사를 실시해 1841년에는 공중 보건을 권장하는 매우 비판적인 보고서를 제출했다. 채드윅의 보고서는 어떤 공식적인 조치를 끌어내지는 못했지만 사람들로부터 연민의 감정을 불러일으키는 역할을 했다.

엥겔스는 사회학에 대한 이론적인 비판과 관찰을 결합시키는 것에 지대한 공헌을 미쳤다. 1844년 마르크스의 옹호를 받은 저작 《영국 노동 계급의 상태》에서는 경험적 논증을 내세웠고, 특히 구빈원에서 지내는 노동자들의 열악한 삶을 정확하게 묘사했다.

1850-1860년대부터 시작된 공공 조사의 체계성이 전보다 떨어지고 자료는 단편적 경향을 띠게 되면서 자료 수집은 개인 단체에서 맡고, 그 자료에 대한 처리는 학회에서 전담하는 방식으로 이루어졌다. 1870년부터 자선 단체들은 신빙성이 떨어지는 자료와 낭비를 피하기 위해 연구 방법의 합리화를 꾀하며 좀더 억압적인 조치를 채택했다. 1890년대 영국에서 시작되어 미국으로 건너가 더욱 진보적으로 발

전된 빈민구호 운동은——빈민촌에 세워진 조직연구센터——구빈법 개정의 실시를 조정할 것을 시도했다. 이와 때를 같이하여 자원 단체들의 도움을 받아 빈민층에게 의료 교육 · 시민 교육 · 도덕 계몽과 문화 계몽을 시키기 위한 사회 서비스가 형성되기에 이른다. 이런 사회사업의 맥락 안에서 1891년에 부스(1840-1916)는 산업 사회와 도시 사회에 관해 체계적인 연구를 시도했다. 1902-1903에 걸쳐 출간된 《런던 사람들의 생활과 노동》에서는 17권에 이르는 조사와 통계학에 기초한 자료의 결과로서 정치적으로 대단한 반향을 불러일으켰다. 실제로 부스는 빈곤 상태의 15퍼센트만이 도덕적 결함(나태, 알코올 중독 등)에 그 책임을 지울 수 있고, 나머지 85퍼센트는 객관적 · 경제적 · 사회적 상황(대가족, 질병, 실업, 불충분한 임금)에 그 원인이 있다는 것을 입증했다.

론트리는 《빈곤: 도시 노동자들의 삶》(1901)에서 도시 사람들의 빈곤을 과정의 각도로서 다루려는 시도를 하면서 노동자의 실제 생활 안에서 상황의 변화는 불가피한 주기에 따르는 것이라는 바를 입증했다. 즉 어린 나이의 노동자는 최저생활비인 '궁핍선(ligne de pauvreté)' 이하에 위치하게 되고, 직업 세계에 들어와서도 여전히 독신인 노동자는 그럭저럭 안정된 조건의 생활을 구가하게 된다. 결혼을 하고 자녀가 있게 되면서 다시 최저생활 이하로 내려가다가, 자녀들이 일하기 시작하면 노동자의 생활 수준은 자녀들이 가정을 떠날 때까지 다시 올라간다. 이같이 노동 시장에서의 기회는 역량이 하락하는 것과 동시에 하락하게 되고, 결국 노동자는 빈곤 상태에서 생을 마치게 된다.

20세기초 더 정확한 탐구 방식에 의거한 연구는 여전히 사회 개혁의 연구에 머물러 있다. 미국 사회학자들이 실시한 연구 조사는 유럽의 선구자들이 실시한 연구 관점과 동일한 곳에 머물러 있었다. 1907년 연구가와 자선 단체가 협동으로 피츠버그 서베이에서 실시한 조사는 탄광 노동자들과 철강 노동자들, 펜실베이니아 주 지역 상점 점원들의 매우 불안정한 삶에 관한 상황 도표를 제시했다. 사회 보장이 없는 상태에서 과도한 노동 시간, 평균 이하로 받는 저임금——특히 여성들과 이주 노동자들의 임금——빈번하게 발생하는 노동 재해, 장티푸스의 전염은 기업 경영에 거의 영향을 미치지 않았다는 사실을 밝혀내었다.

정치적인 것과 관련을 맺고 있는 이같은 접근 방식은, 미국에서는 방법론적인 고찰과 전문가적인 탐구 경향 시도를 지닌 더욱 객관적인 방식으로 대체되었다.

노동사회학의 출발

일반적으로 노동사회학의 역사에 대해 말할 때 미국 산업사회학의 탄생을 지칭한다.[6] 1929년의 대공황이 일어나기 전 시카고의 하버드대학교 연구진들에 의해 실시된 실험은 실제로 이런 사회학 연구 단체가 구성되는 데 결정적인 역할을 하였다. 메이오 · 레슬리스버거 · 화이트헤드 · 딕슨연구팀에서 실시한 조사는 '인간관계론'[7] 연구의 새 장을 열었다.

이와 같은 배경에서 시카고 근교에 위치한 서부전기회사 호손공장에서 1924-1932년에 걸쳐 실시한 조명 강도와 노동 생산성의 관계 실험은 산업 연구의 효시로 인정된다. 이 조명 실험은 두 개의 작업

---

6) 이것에 관해서는 Jean-Claude RABIER, 《노동사회학 입문 *Introduction à la sociologie du travail*》, Érasme, Nanterre, 1990; Pierre TRIPIER, 《노동사회학 *La sociologie du travail*》 in DURAND J-P., WEIL R.(éd.), 《현대사회학 Sociologie contemporaine》, Paris, Vigot, p.353-374를 참조할 것.

7) Pierre DESMAREZ, 《미국의 산업사회학 *La Sociologie industrielle aux États-Unis*》, Paris, Armand Colin, 1986.

집단, 즉 실험 집단과 통제 집단에서 실시되었고, 실험 집단은 조명도를 높인 상태에서 작업을 하게 한 반면 통제 집단은 아무런 변화를 주지 않은 상태에서 작업을 하게 했다. 실험 결과는 조명 강도를 높인 실험 집단뿐만 아니라 조명을 그대로 유지한 통제 집단에서도 생산성이 계속 향상되는 역설적인 현상으로 나타났다. 여기서 통제 집단이 실험 집단의 행동 양식에 맞추어 나갔을 것이라는 추측을 할 수 있다. 뿐만 아니라 이 실험에서 봉착하게 된 또 다른 난관은 조명도를 낮추었음에도 불구하고 실험 집단의 생산성이 계속 증대된다는 점이었다. 이 실험에 참여한 연구진들은 생산성은 노동의 물리적 조건뿐만 아니라 경영 방침에도 좌우된다는 것을 확인했다.

따라서 이들 호손공장 연구팀들은 해결할 수 없는 문제에 부딪치게 되자 메이오와 그의 연구팀(화이트헤드 · 레슬리스버그)에게 문제에 대한 해결책을 요구했고, 이에 메이오는 호손공장의 계전기 조립 실험 작업실(The Relay Assembly Test Room)에서 선구적인 산업사회학 연구 계획에 착수하게 되었다. 계전기 조립 작업은 하루 5백 개의 계전기 비율로 계전기통 안에 35개의 부품을 설치하고 암나사를 고정시키는 것으로, 모든 노동자들은 규칙적인 속도로 동일한 시퀀스로 구성된 순간 작업을 완수해야 했다. 메이오 연구팀은 5명의 지원자를 선별해 실험 집단을 구성하였다. 이 실험 집단에는 한 명의 작업실 감독이 통제를 하고 한 명의 조사원이 상주해 노동자들을 지속적으로 관찰하고, 작업실 밖에서는 질문을 하는 방식의 실험이 행해졌다. 4-12주에 걸쳐 실험이 진행되는 동안 임금 체계(개인별, 팀별 임금 · 시급 · 성과급), 휴식 횟수와 시간, 일일 노동 시간 혹은 주당 노동 시간 등 체계적으로 온갖 종류의 매개변수를 다양화하는 시도를 하였다. 그 결과는 예상 밖으로 나타났는데 노동자의 생산성은 노동 조건이 악화되었을 때조차도 거의 계속해서 향상되었고, 반대로 물리적 노동 조건을 계속 개선시켜 주었는데도 생산량은 정체 상태에 머물렀다. 연구 말기에 시도한 가장 과감한 체제는 생산 이익에 별다른 영향을 미치지 못하고 개선되었다. 1929년에는 1927년에 비해 생산력이 30퍼센트 증대했다. 경제공황과 일부 노동자들의 이직으로 공장 분위기가 침체되고 이익이 감소하여 1932년에는 작업장의 적지않은 노동자들이 해고당하면서 메이오의 실험은 중단되었다.

그렇다면 메이오 연구팀의 호손공장 실험에서 나타난 생산성 증대에 대해서는 어떤 해석을 내려야 하는가? 적은 규모의 작업장에 알맞은 임금 형태인 개수임금제는 집단성과급제보다 더 많은 이익을 창출할 수 있는 임금제이다. 그러나 실험 조건은 작업자의 상황, 작업자의 태도, 작업자들간의 상호 관계를 완전히 바꾸어 놓았다. 다시 말하면 생산성 향상의 요인에 관한 한 물리적 · 경제적 노동 조건보다 노동자들의 심리적 상태를 중시하는 것이 더 중요하다는 사실을 인식했다.

이처럼 메이오 연구팀의 실험은 관찰과 조사가 관찰대상자인 직공들의 가치를 높이고, 이들로 하여금 자신의 일에 자부심을 느껴 이익을 창출하는 데 기여했다는 점에서 노동심리학과 경영관리론적 산업사회학의 새로운 지평을 열었다고 평가받고 있다. 결론적으로 이 호손공장의 실험 기간 동안 직공들에게 부여된 높은 관심은 노동자들의 '작업 의욕'을 높여 주었고, 결국 노동의 생산성을 높이는 데에는 노동의 객관적 조건——부정적이건 긍정적이건——보다는 이런 가치화가 더 중요하게 작용한다는 것을 보여 주었다. 이 실험 결과는 **호손 효과**(effet Hawthorn)라는 명칭으로 유명해졌다.

이 호손 실험은 노동 상황에 대한 것뿐만 아니라 모든 사회과학의 기본을 이루고 있는 특징적인 문제점, 즉 노동자를 행위하는 주체로 파악하는 것이 아니라 실험의 대상으로서만 한정시키고 있다는 사실을 밝혀내었다. 결국 이같은 관찰은 하나의 실험 현상에 불과할 뿐이다. 따라서 이 실험은 이러한 조치의 효과를 통제하는 수단을 부여한다는 조건하에서만 다양한 사회 현상들을 드러낸다는 사실에 입각하여 사회 현상에 대한 탐구가 이루어진다는 문제점을 드러내었다.

관찰자와 실험대상자 간의 이런 특별한 관계에 대한 자각은 메이오 연구팀으로 하여금 더욱 세밀한 실험 방식을 착안하게 해주었고, 이에 대한 단계로 1931년에 실시한 뱅크 와이어링 룸 실험은 새로운 방법론과 이론을 발견한 실험이 되었다. 이 과정에서 인류학자 워너는 관찰대상자 모르게 조용히 실험을 행하는 과학적인 관찰 기술을 발전시키는 데 일조했다. 이 실험은 14명의 노동자로 실험 집단을 구성하여, 한 명의 조사원이 이들과 교류하고 다른 조사원은 이들에게 면담 조사를 실시하면서 보다 더 세밀하게 노동자 집단을 연구하는 방식으로 이루어졌다. 이와 같은 실험 결과에 따르면 호손 효과는 실험 대상으로 선택된 노동자 집단의 생산량이 일반 집단보다 높다는 것을 입증했다. 또한 감독의 지시를 받는 기술적이고 형식적인 조직보다 자발적으로 형성된 비공식 조직이 노동자들에게 더 강력하고 효과적인 영향을 미친다는 새로운 사실을 밝혀내었다. 실제로 이들 소집단은 작업 과정에서 형성된 비공식적인 생산 기준에 암암리에 합의하면서 개인의 생산성이 드러나지 않는 집단 통제를 받고 있다는 것을 보여 주었다. 이 결과 비공식 집단이 정한 규범이 기업에서 예견한 물질적인 조건보다 실제적으로 노동자들의 작업 의욕을 높이는 데 더 많은 효과를 발휘했다는 것을 밝혀내었다. 이 호손공장의 실험은 테일러가 작업 과정에서 노동자의 '느린 동작' 혹은 '순간 휴식'으로 명했던 작업의 정지 시간을 '변화에 대한 저항'으로 다시 명명되는 데 결정적인 역할을 하였다.

경제 위기로 중단된 하버드 연구팀의 경험론적인 연구는 심리학 관점에 입각한 것이다. 즉 이 팀의 연구에서 노동의 과학적 조직의 주요 대상인 **비공식적인 행동**(actions informelles)(제II장 참조)은 관리 도구가 되었다. 더욱이 테일러의 합리주의 이론의 허점과, 특히 생산성 향상을 좌우하는 가장 큰 요인은 임금이라는 테일러의 주장을 거부하면서 노동자들은 기술적인 논리보다는 그 무엇보다도 '인간적인 요인' 에 민감하게 반응한다는 인간관계론을 입증했다.

하버드 연구팀은 사회학자로서 소개되지 않는다. 그러나 이들 연구팀은 전문 연구자로 자임하며 사회학의 연구 방법과 분석의 틀을 이루었다. 즉 메이오와 그의 연구팀들은 공식 집단과 비공식 집단 사이의 대립을 일반화시키면서 '사회 체계(système social)' 로서 기업에 대한 일람표를 만들었다.

하버드 연구팀에서 제시한 관점에 따르면 기업은 두 가지 기능 1) 기술-경제 기능(비용, 이익, 기술적인 효율성의 요구에 따른 생산품 제조)과 2) 사회-조직 기능(노동자 집단간의 상호 교류에 기초한 협동 체계)을 지니고 있다. 이 **두 개의 기술-인간 기능**(double fonction technique/humaine)은 감독 지시에 기초한 공식적인 조직과 상호 인간 관계에 토대를 둔 비공식적인 집단에 부합된다. 효율성 논리에 지배되는 공식적인 조직과는 달리 비공식적 조직은 노동자들의 집단 귀속감, 집단 가치, 동료들로부터의 신뢰에 바탕을 둔 '감정의 논리(logique des sentiments)' 에 영향을 받는다. 이 감정논리론은 대중적인 지지를 받으면서 계속해서 관리 실행과 노동자의 동기화에 관한 행위에 양분을 제공했고, 최근에는 '기업 문화' 형태로 다시 부상하고 있다.

사회 체계로서의 기업의 구상은 파레토의 용어에서 영향을 받은 것으로 이것은 체계적 방식 내에서 입지를 확보했다. 이 구상은 무엇보다도 직무간의 상호 의존성을 언급하는 것이지만 궁극적으로는 보수주의 성향을 조장하는 균형의 논리에 접근하고 있는 것으로 개개의 작업장 · 공장 · 기업은 주위 환경에 비해 상대적으로 자율적인 조직으로 나타난다는 논리이다. "하버드 연구팀에게 있어서 기업의 사회조직은 그 균형 상태에 달려 있기 때문에 기업의 사회적 제도의 균형 상태는 보존되어야 하는 것이다."(Desmarez, 1986, p.40)

또한 하버드 연구팀은 자질 있는 경영자——관료 엘리트(élite administrative)——는 이 균형을 보장하는 작업, 즉 감정의 논리와 효율성의 논리가 균형을 이루는 수단을 지니고 있어야 한다고 주장했다. 이 관료 엘리트는 비즈니스 학교(business schools)에서 사회학 교육을 받고 경영에 필요한 '사회적 자격'을 취득한 경영자들이라 할 수 있다.[8]

그러나 이런 방대한 자료로부터 하버드 연구팀은 결국 다음과 같은 매우 제한적인 결론만 이끌어 낼 수 있었다.

—— 노동은 사회 영역을 구성하는 집단 활동이다.

—— 집단에 대한 일치감은 노동의 물질적인 양상보다 더 중요한 면을 나타낸다.

—— 요구 사항들은 기업 내의 한 개인의 상황을 나타내는 지표일 뿐이다.

—— 노동자의 태도와 능률은 작업장 내에서나 밖에서 동시에 그 근원을 발견하게 된다.

• 작업장 내에서: 비공식적인 집단 내에서는 강력한 사회적 통제를 실시하지만 조직간의 협력은 자발적으로 이루어지는 게 아니라 구성해야 하는 것이다.

• 기업 외부에서: 사회 변화는 기업의 조직을 불안정하게 만든 요인이다.

전후 40년대에는 메이오와 그의 연구팀이 제시한 인간관계론에 대한 무수한 비판이 쏟아져 나왔다. 여기서의 비판은 경험적인 접근을 지향하는 체계와 조직의 구상보다는 하버드 연구팀의 궁극 목적·이념·연구 방식에 이론을 제기한 것이라 할 수 있다. 미국의 일부 경제학자들은 메이오 연구팀에게 자유주의를 훼손시켰다고 비난하면서

8) *Ibid*., p.42-44.

'관료 엘리트'에 부여된 본질적인 역할은 개인의 독립, 자유방임, 민주주의를 위협하는 것이라고 주장했다. 또한 사회학자들은 하버드 연구팀이 주장한 '경영' 방책을 언급했다. 결국 경제학자들과 사회학자들은 이 메이오 연구팀의 실험 이론에 분명한 결함이 있다는 것에 모두 동의를 하면서 노동자들의 사회적 '환경,' 특히 노조와의 관련성 여부 문제는 거의 다루어지지 않았다는 것을 지적한 것이다.

메이오 연구 이후로 노동자의 '감정'에 우위를 둔 이론 없는 경험주의, 면담자의 편파성, 기업에 유리한 가정과 목표 등 심리학적인 측면만을 지나치게 부각시킨 유사한 논증들이 쏟아져 나왔다. 실제로 산업사회학이 화이트칼라의 증가, 숙련 노동자와 미숙련 노동자 간의 관계, 작업의 세분화 같은 당시의 미국에서 분명하게 드러난 노동 고용의 특징들을 묵과한 것은 놀라운 일이다. 더욱이 2만 1천 명의 노동자를 대상으로 한 명의 조사원이 면담 조사를 실시한 것과 기업 경영 방침에 대해서 아무런 비판이 이루어지지 않았다는 사실은 당시의 연구 실태가 얼마나 허술했던가를 잘 드러내 준다.

이후에도 계속해서 호손 효과에 대한 비판이 제기되었고, 실제로 조직 사회학자들은 호손 효과는 다시 제시할 수 있지만 지속적이지는 않다는 것을 확인했다.[9)]

그러나 메이오와 그 연구팀에 의해 실행된 연구는 미국에서뿐만 아니라 유럽에서도 막강한 영향력을 끼쳤다. 1946년 영국에 창설된 타비스톡 인간 관계 연구소는 메이오의 연구와 테일러주의 원리에서 제기되는 문제점과 동향을 재검토했다. 같은 해 프랑스에서는 프리드만이 메이오가 웨스턴 전기회사에서 실험한 연구 결과인 '산업 관

---

9) Philippe BERNOUX, 《조직사회학 *La Sociologie des organisations*》《12가지 사례 연구에 따른 이론 입문 *Initiation théorique suivie de douze cas pratiques*》, Paris, Seuil, 1985.

계 요법'[10]의 이점을 프랑스에 도입하는 데 결정적인 기여를 했다. 실제로 직원 관리에 대한 연구 도입은 경영 집단에서 환영을 받았고, 오늘날에도 여전히 수많은 전문가 집단과 인간 관계 자문 연구에 적용되고 있다.

하버드 연구팀들의 또 다른 업적으로는 동시에 여러 계통의 연구를 실행했다는 것을 들 수 있다. 일례로 공식적-비공식적 조직 사이의 구별과 조직사회학은 호손에 그 토대를 두고 있고, 또한 선임 사회학자들이 행한 소 '집단'의 관계 연구는 기업심리학으로 연결되었다. 어떤 경우든지 여기서 관심을 가져야 되는 것은 합법적인 맥락보다는 그 기원을 인식하는 것이라 할 수 있다. 이 기원의 선택은 제도적이고 방법론적인 측면에 기초하고 있기 때문이다. 그러나 행위의 장소와 양상을 기업 내로만 한정시킨다면 이러한 선택은 노동과 노동사회학의 제한적인 정의를 불러일으킬 소지가 있다.

결국 노동사회학은 일치 혹은 대립의 두 가지 경향이 공존하는 상황 안에서 그 기원을 발견할 수 있다. 즉 사회의 전체적인 관점 안에서 노동과 노동자의 조건을 재검토하려는 시도와 작업장이나 기업 내에서의 노동 행위에 그 초점을 두는 경향에서 찾을 수 있다.

그렇다면 이 두 가지 경향의 접근 '영역' 간의 양자택일은 노동자 입장의 연구를 지향하는 사회학과 관리론을 지향하는 심리학은 양극단 입장을 나타낸다고 할 수 있는가? 이에 대한 대답은 반드시 그렇지 않다는 것이다. 이미 앞서 언급했듯이 19세기 프롤레타리아 계층의 상황에 관한 조사는 보수주의 관념과 사회 통제의 목적에 부응한다. 마찬가지로 기업 연구라고 해서 반드시 경영론을 지향하는 것은

---

10) Georges FRIEDMANN, 《산업 메커니즘에서의 인간 문제 *Problèmes humains du machinisme industriel*》, Paris, Gallimard, 1946.

아니다. 따라서 다른 사회학 분야의 연구처럼 노동사회학자는 나타난 현상을 이해하고, 노동 관계와 '사회 주동자들'의 연구에 대한 다양한 학설을 구성하면서 어느 한쪽으로 치우치지 않은 핵심적인 해석을 내려야 한다는 고충을 지니고 있다.

이보다 더 전문적인 영역에서 노동사회학자들은 노동 장소와 작업 조직 관계의 유기적인 결합 관계를 규명하는 문제에 부딪치는데, 이에 대해서는 제II장 분업과 노동 조직에서 자세히 다루겠다.

II
분업과 노동 조직

서부전기회사의 연구가 미국 산업사회학의 발단이 되었다면, 이보다 앞서 실행된 테일러리즘은 노동사회학 연구에 그 토대를 마련해준 실험이라 할 수 있다. '테일러주의(taylorisme)-포드주의(fordisme)'로 발전해 가는 과정에 대하여 사회학자들간에 수많은 논쟁이 이어졌다. 이미 인간관계학파에 의해 비판이 제기된 테일러리즘 이론은 1970년대에 실추의 과정을 겪다가 1980년대에 들어서 다시 재검토되기 시작하였다. 테일러리즘의 목표에 대해 언급하는 개개의 논증은 사회학 분야에서 테일러주의가 되살아나고 있음을 나타내는 것이다. 따라서 테일러와 포드가 노동사회학에 지속적으로 끼친 공헌에 대한 재검토는 노동의 발달을 평가하는 데 반드시 거쳐야 하는 중요한 단계가 되는 것이다.

1. 분업 형태

분업에 대해 말할 때 '손으로 밀가루 반죽을 만드는 일(mettre la main à la pâte)' 이란 표현을 쓰는 이유는 무엇인가? 물론 이러한 표현은 전체 작업에 한정된 엄격한 협력을 지칭하는 동시에 제빵 장인 조직과 견습 단계를 언급한 것이기도 하다. 그렇다면 왜 어린 제빵 견습생은 가장 중요한 단계인 빵을 굽는 일은 주인에게만 일임하고 손으로 반죽을 만드는 일만 하는 것일까? 빵 반죽을 준비하는 일이나 반죽이 부풀어오르는 것을 감시하는 일은 별 경험이 없는 견습생만으로도 할 수 있는 일이지만, 빵을 굽는 작업은 막대한 책임이 요구되는 일이기 때문이다. 즉 빵을 굽는 일은 전 단계에서 이루어지는 모든 작업을 망칠 위험이 있는 가장 높은 단계에서 이루어지는 작업이자 가장 중요한 단계의 작업이면서 또한 가장 비싼 비용을 지불해야 하는 작업이었다. 따라서 분업은 단순히 임의적인 서열이나 기술적인 필요성으로만 이루어지는 것이 아니라 **경제적 토대**(fondements économique)가 형성된 상태에서 이루어지게 되는 것이다. 인류 역사를 통틀어 볼 때 분업이 이루어지지 않은 사회는 한번도 없었다. 이렇듯 도처에서 작업자의 연령이나 성별에 따른 작업의 구분, 역할의 전문화 같은 분업의 예를 발견할 수 있다. 분업은 사회를 조직하고 집단간의 교환을 용이하게 해주지만, 막연히 분업의 원리가 사회의 '특성(nature)' 에 그 토대를 두고 있다고는 말할 수 없다.

다양한 노동 형태 개념

정신 노동과 육체 노동의 대립, 일반 조직 혹은 전문 조직 간의 분리, 실행 혹은 통제 직책의 위계 조직, 나이와 관련된 경험 정도, 전문화 수준 혹은 다능공화 수준, 성별 직종 분리 등 현재 시행되고 있는 노동의 직종별 분리는 다양한 기준을 내포하고 있다. 이 모든 기준은 다양한 직종을 구별하기가 어렵다는 점에서는 중복되고 결합되기도 한다. 일례로 전문화라는 용어는 전문의(médecin spécialist)나 미숙련공(ouvrier spécialisé)에게는 전혀 다른 의미를 지니게 된다. 따라서 노동의 경험적인 접근은 지위 · 권력 · 지식 · 임금의 분리에 관련되는 여러 가지 상황에 관련되어 이루어져야 되는 것이다. 분업은 **사회적 분업**과 기술적 분업 두 가지로 구별된다. 일반적으로 사회적 분업은 사회의 총인구를 사회-경제적 범주나 사회 계층으로 구분하는 것을 말한다. 마르크스 이래로 '매뉴팩처적' 분업이라고도 불리는 **기술적 분업**은 작업장 내에서의 노동 분할을 일컫는 것이다. 실제로 이 기술적 분업은 크게 세 가지 산업 분야——제1차 산업(농업), 제2차 산업(공업), 제3차 산업(서비스직)——를 직종별로 구분(예를 들어 염색산업 · 화학산업 · 철강산업)하여 나타나는 경제 활동의 분포 상황을 지칭하는 것이다.

다른 한편으로 작업장 내의 '기술적' 분업은 사회적 분업과 노동의 기능 분할로 나누어진다. 여기서 사회적 분업은 지배 관계에 의해 정해지는 서열, 직무의 수직 구조를 내포하는 반면 노동의 기능 분할은 여러 가지 기술적 효능 논리를 따져 부서 내 작업의 수평적 분리를 지칭한다.

기업들의 기구편성표에서 종종 그 흔적을 발견하게 되는 이 분업 원리는 노동 상황 안에서 결합되어 실행된다. 빵 제조의 예에서 알 수 있듯이 작업의 분할은 결코 '순전히 기술적인 면'에 의해 이루어지는 것이 아니라 제빵기술자의 서열화에 그 토대를 둔 기술적 효과에 근거하여 성립되는 것이다.

국내 수준에 머물러 있던 분업은 점차 그 영역을 넓혀 세계적인 수준으로 확장되어 갔다. 그 명칭에서 알 수 있듯이 국제 분업(DIT; division internationale du travail)은 전문화 형식, 의존, 국가간의 지배, 혹은 착취 관계를 나타낸다.[1] 실제로 경제 식민지와 경제제국주의는 지정학 지도와 선진국과 개발도상국 간의 관계를 재형성한다. 19세기부터 한창 번성하고 있었던 인도의 섬유 산업이 영국의 식민지 지배로 인해 파멸에 직면한 사실은 그 대표적 예라 할 수 있다. 당시의

---

1) Christian PALLOIX, 《노동과 생산 *Travail et production*》, Paris, Maspéro, 1978.

상황은 전문화 관계가 뒤바뀐 상태라 할 수 있는데, 당시 인도는 자국에서 생산된 원료를 사용해 영국에서 제조된 '인도' 직물을 수입할 것을 강요받는 상태에 있었다.

국제 분업은 경제 집중화와 독과점의 발달을 가져오면서 금융 집중화를 팽창시키는 자유주의가 형성되었다. 산업 자본과 은행 자본을 융합한 대규모의 기업 집단이 구성됨에 따라 원자재의 공급원으로 막강한 경제적 힘이 증대되는 제품을 파는 시장이었던 제3세계는 값싼 노동력을 제공하는 장소로 전락하고 말았다. 고용 관점에서 보면 시장의 개방은 그 지역에 제한된 회사 개념에서 벗어나 국제 규모 차원에 관련된 것이다. 또한 운송 수단의 발전으로 형성된 다국적 조직망 안에서 뒤떨어진 국가의 수공업이 파괴되는 것은 당연한 귀결이라 할 수 있다. 오늘날 이같은 국제 분업의 책략은 하청 양상을 띠며 지역적 단계에 적용되는 동시에 개혁된 형태로 나타나고 있다.

이 장에서 문제를 제기할 분업은 노동사회학에서 우선적으로 그 중요성을 부여하는 **작업장 내에서의 분업**(la division du travail dans l'atelier)을 다룰 것이다. 이와 함께 다양한 실험을 실시해 이 분업 조직과 사회 일반 구조를 결합시키려는 시도를 하는 데 있어 수반되는 문제점들을 살펴보고자 한다.

매뉴팩처(공장제수공업)에서 기계제 공장 체제로

임금 노동 조직 양식의 특징과 최근의 변화된 임금 노동 양상에 대한 해석을 살펴보기 위해서는 산업화의 기원에 대한 고찰이 우선되어야 한다.

앙시앵 레짐 시기에 장인의 분업은 견습공-직인-장인으로 이루어지는 동업조합의 엄격한 위계 조직으로 구성되었다. 이 장인 조직의 위계 조직은 피라미드 형태가 아닌 수평적 형태를 이루는 것으로 종종 일종의 경력 수단에 일치하는 지위 향상의 통로 역할을 했다.[2] 그러나 동업조합에 몸담고 있는 모든 사람에게 장인의 위치에 올라가는 게 보장된 것은 아니어서 유산으로 물려받거나, 혹은 조합을 통해 획득한 재산은 직인들이 매우 까다로운 장인으로 상승하는 데 주요한 조건이 되었다.

이렇게 노동이 매뉴팩처로 집중되는 시기, 즉 많은 수의 노동자들이 동일한 작업장에 모여 일을 하게 되면서부터 협업과 노동 조직의 문제가 민감한 사안으로 새롭게 대두되었다.

협업 조직은 반드시 작업의 분할을 내포하는 것이 아니다. 따라서 작업의 세분화는 주문 생산 체계에서 벗어나 보다 큰 규모의 시장을 대상으로 대량 물품을 생산하는 체계에서 유리한 노동 방식이다. 1776년 애덤 스미스는 머리핀 제조공장의 예를 들면서 이와 같은 분업 형식을 언급했다. 이 머리핀 제조공장은 10명의 노동자에게 18시간의 작업 시간을 배분해 일일 전체 생산량으로 4만 8천 개 이상의 머리핀을 생산해 낼 수 있는 방식으로 구성되었다. 즉 노동자 한 사람당 생산량의 1/10을 담당하여 대략 4천8백 개의 머리핀을 생산하는 것으로, 한 사람의 노동자가 작업 전체를 책임지는 생산 방식에서는 1일 핀 생산량은 20여 개에도 미치지 못했을 거라고 언급하면서 스미스는 분업의 중요성을 강조했다.

이 분업의 형태인 작업의 분할과 노동의 **전문화**(spécialiser), 즉 일정한 방식으로 특정 개인에게 특정 형태의 작업을 유지하게 하는 것 사이에는 차이가 있다. 작업의 전문화는 개개인이 특수 기능을 습득할 수 있는 이점을 지니고 있으면서 동시에 생산 효율을 높일 수 있

---

2) Stephen A. MARGLIN, 〈작업 세분화의 기원과 기능 Origines et fonctions de la parcellisation des tâches〉, *in* André GORZ(éd.), 《분업 비판 *Critique de la division du travail*》, Paris, Seuil 1973, p.41-89.

어 사회적인 이익에도 관련된다. 또한 분업은 시장경제로 전환되는 시기에 임금 제도의 발전에 기여했다. 제조 과정 전체를 통제하는 노동자는 자신의 생산품을 중개인을 거치지 않는 시장에서 판매되도록 시도할 수 있을 것이고, 결국 기업에게 있어서 그 노동자는 또 하나의 경쟁자가 되는 것이다. 그러나 노동자가 생산의 특수한 부분 작업에만 종사하는 분업이 형성되면서 개개 노동자는 제조 과정 전체를 통제하는 역할을 상실하고, 결국 자본에 지배를 받게 된다. 이렇듯 노동력이 자본에 예속되는 자본주의의 도래와 함께 노동자가 작업 전 범위에 걸쳐 통제를 실시했던 노동자의 역할은 임금의 현물지급제(truck system)나 가내수공업 제도처럼 지나간 시대의 일이 된 것이다. 그러나 고용주의 관점에서 보면 노동자의 자율성을 통제하는 자본주의는 하나의 자원이 될 수 있는 것이다. 또한 작업의 전문화는 경험이 그리 풍부하지 않은 미숙련공이 노동 시장에 진입할 수 있게 해주었는데, 이러한 경향은 물론 그 당시 시작된 제조 작업의 '일반화' 추세와도 관련성이 있다. 작업이 일반화된다는 것은 우선 그 작업이 연소자와 부녀자를 포함한 '모든 사람들이 그 작업에 종사할 수 있게 되었다는 것'을 의미하는 것으로, 이제 노동이 오랜 시간의 도제 과정을 거친 남자 수공업자들의 전유물로만 여겨지던 시대는 지나간 것이라는 바를 나타내는 것이다.

또한 기업 연합, 기술의 발전, 시장의 형성, 작업의 세분화 사이에는 밀접한 관계가 있다. 이처럼 자본주의 분업은 기계화의 도입뿐만 아니라 다른 여러 가지 양상이 결합되어 이루어진 것이라 할 수 있다. 생산 수단과 자본이 특정 자본가의 수중에 편중되면서부터 값비싼 기계에 대한 투자가 가능해지게 되었고, 이것은 동시에 그 기계에 투입된 비용에 대한 이윤을 얻을 수 있게 되었다는 것을 의미하는 것이다. 이같은 기계 설비의 재조직은 강력한 동력으로 움직이는 기계의 발명을 가져왔다. 이러한 맥락에서 진정한 산업 혁명은 17세기에 발명된 증기 기관만으로 이루어진 게 아니라 그 증기 기관을 동력으로 하는 기계가 발명되면서 완성된 것이라 할 수 있다.

기계화가 미약하게 이루어진 매뉴팩처적 분업에서 '세분화된' 작업의 분담은 노동자들의 '주관적' 판단에 의해 이루어졌다. 그러나 이 과정에 기계가 도입되면서 분업은 '객관적' 조건에 의해 이루어지게 되고, 예전 노동자들의 주관적 판단에 의존하여 이루어진 작업의 분담 역할을 기계가 대신하게 된다. 따라서 노동 조직은 더 이상 개인의 전문화와 노동자가 평생 지니고 있던 숙련된 기술에 좌우되지 않게 되면서 동일한 작업에 동일한 노동자를 배치할 필요성이 없어졌다. 이와 같이 기계에 의한 분업에서 작업의 분할은 '객관화' 되고, 대다수 노동자들이 '평준화' 되며 물질화된다. 여기서는 세분화된 기계에 따라 협업이 조직된다. 1867년 마르크스가 예상한 대로 공장의 기계화가 이루어지면서부터 노동자의 지속적인 자리 이동은 생산 과정에 어떤 혼란도 가져오지 않게 되었다. 이미 자신이 생산해 내는 제품에 대한 통제 역할을 상실한 노동자는 특수 작업에서 분리됨에 따라 노동자는 더 이상 도구로 사용되지 않고 기계의 노예로 전락하게 된다. 임금 노동자는 노동 시장에서 더욱 유동적이 되면서 작업장 내에서와 마찬가지로 노동자들간 대체되는 비율이 높게 나타났다. 이런 노동자의 이직 추세의 효과는 상반된 결과로 나타났다.

이러한 동향을 통해 기술의 발전은 조직의 변화를 가져왔지만, 그 변화는 결코 영구적일 수 없다는 것을 보여 주고 있다. 따라서 20세기초 테일러주의에서 포드주의로의 이행은 주관적 조직에서 객관적 조직으로의 이행과 사람의 손을 거쳐 이루어지던 부품 전달을 '자동화' 시스템으로 이행되는 등 이러한 동향의 반복성을 잘 보여 주는 예이다.

2. 테일러주의

테일러주의는 종종 영화 《모던 타임스》에서 동일한 동작을 수도 없이 반복하는 노동자로 분했던 채플린의 강한 이미지를 떠올리게 한다. 영화에서 채플린은 쉬는 시간조차도 고장난 로봇처럼 허공을 향해 계속해서 같은 동작을 되풀이하면서 상상 속의 공을 껴안는다. 1936년에 상영된 《모던 타임스》에서 찰리 채플린은 일관 조립 작업에 몸담고 있던 노동자의 이미지를 잘 보여 주었다. 이 일관 작업은 포드가 창안해 낸 방식으로 테일러와 포드는 이미 존재하고 있었던 분업 형태를 더욱 강화시켰다. 테일러가 수직 분업에 영향을 미쳤다면, 포드는 수평 분업에 영향을 미쳤다고 할 수 있다. 그렇다면 이들 두 사람의 상호적인 기여의 독창성은 어디에 있는 것일까? 또한 이들이 형성한 작업 방식 이론이 오늘날에도 여전히 기업 관리의 참고로 활용되고 있는 근거는 무엇인지 이것을 기초로 하여 테일러주의와 포드주의를 살펴 나가도록 하겠다.

노동의 과학적 관리

테일러의 경영 관리 형식을 한마디로 요약하면 **'노동의 합리성'** 이라 할 수 있다. 합리화한다는 것은 이성에 일치하여 합리적으로 처리하는 것으로, 더 정확하게는 작업 방식을 목적에 맞추는 것을 의미한다. 이처럼 작업장에 '과학' 을 도입한 테일러는 작업 방식을 현대화시킨 것에서 더 나아가 작업자에게 부과되는 작업량의 기준을 과학적으로 설정했다. 물론 노동 조직의 궁극 목적인 생산성을 창안해 낸 것은 아니지만, 작업중에 발생하는 시간의 낭비를 줄이려는 체계적인 연구를 다시 시도했다는 데에 테일러의 공적이 있는 것이다. 테일러가 권장한 방식이 이전까지 존재하지 않던 새로운 형식을 도입한 것은 아니지만, 테일러 자신이 고안해 낸 체계와 그 체계를 구체화한 규범의 결합과 관련지어 테일러주의의 참신성이 있는 것이다.

테일러의 작업 방식 이론은 한 사람의 엔지니어로서 자신의 연구 성과를 노동에 적용시키고자 하는 단계에서 벗어나 노동자의 심리에 관한 고찰과 작업 효율성의 논리를 혼합시킨 이론을 실행시키는 것에 그 우위를 둔 것이다. 1856년 필라델피아 근처 저먼타운의 유복한 가정에서 태어난 F. W. 테일러는 어린 시절부터 사업가의 길을 택하기로 마음먹었다. 건강상의 이유로 하버드대학교의 학업을 중단한 테일러는 공장에 견습공으로 들어가 모형 제작을 배웠다. 그후 미드베일제강회사(Midvale Steel Company)에 입사해 기계공 수련을 쌓아가면서 십장에 오르는 등 여러 단계의 작업을 거치다가 28세에는 주임기사 자리에 올랐다. 테일러는 통신으로 학업을 계속해 나가면서 기계공학 학위를 받고, 1890년에는 미드베일제강회사를 떠났다. 이어 경영자문기사라는 새로운 직종의 창시자가 되면서 1915년 사망할 때까지 경영자문 업무를 맡았다.

테일러가 직접 현장에 뛰어들어 자신의 연구에서 얻어낸 주요 교훈은, 노동자들은 어떠한 이유를 막론하고 과로하게 노동을 안한다는 것이다. 또한 노동자들은 자신들의 임금에 대해 압력을 가하기 위해 노동 속도를 제한하는 것이 이롭다고 보았다. 테일러는 노동자들의 '고정화된 작업 정지 시간'을 '자연스러운' 일이고, 심지어 전염성이 있는 것이라 여겼다. 따라서 테일러는 메이오 연구팀이 관리하고자 시도했던 '비공식적인 작업 집단'에서 이루어지는 이같은 협업의 표시를 알지 못했다. 그는 작업자의 작업량에 차등을 줄 수 있는 관리 방식에 지속적인 관심을 가지면서 상벌 체계 · 위협 · 제재 등 노동자들에게 동기 유발을 부여하기 위해 사용된 전통적인 수단이 별 효과를 거두지 못하는 이유를 알아내려고 애썼다. 이에 테일러는 작업자들에게 적합한 작업량을 부여하기 위해서는 각 작업을 수행하는 데 걸린 시간에 대한 정확한 파악이 선행되어야 한다는 점을 고용주들이 깨닫지 못한 것을 지적했다. 즉 테일러는 노동자들이 숙련에 대한 자율성을 지니고 있을수록 작업하는 데 있어서 불필요한 동작은 통제할 수 없게 된다고 주장하면서, 이에 대한 해결책으로 더 이상 작업자에 좌우되지 않는 외적이면서 객관적인 기준을 마련해야 할 것을 제시했다. 여기서 구상과 실행을 분리하는 작업 방식이 대두된다.

이같은 새로운 이론은 먼저 노동자의 선별 · 전문화 · 분업 형식 등 예전의 작업 방식에 근거를 삼은 것이다. 또한 작업을 단순화하고 가속화하기 위한 목적으로 작업량 · 관찰 · 서술 · 측정 등 모든 합리적인 분석을 동원했다. 1760년에는 프랑스인 페로네가 시작하고, 그후 1832년 영국의 수학자 배비지는 바늘공장에서의 시간 측정에 의한 노동 과정과 분업에 의해 드러난 경제를 증명했다. 테일러는 이 시간 연구에 기초하여 동작의 분석 도구로 삼았다. 과학적 분석의 결과 최선의 작업 방식(best way)은 개개 작업에 소요되는 표준 시간의 규범을 따르는 것이라는 결론을 내렸다. 이것은 작업 시간의 엄격한 엄수에 관련된 게 아니라 기업의 생산성 향상 측면에 지속적으로 기여하는 데에 관련되는 것이다. 이에 따라 작업의 준비는 다양한 작업 방식을 지니고 있는 주임기사 같은 전문적인 직업 집단에 맡겨지게 된다. 현장 노동자들의 의견과 이의는 노동자들이 강요된 방식을 충실히 따른 후 거기에 대한 사정을 잘 아는 상태에서 의견과 이의를 내놓는다는 조건에서 받아들여졌다. "노동자들이 이같은 제안에 순응한 덕택에 그들이 내놓은 의견 가운데 10개 중 9개는 발전을 이룰 수 있었다."[3]

테일러의 과학적 관리론은 고용주에게는 값싼 노동력을 제공하고 노동자에게는 높은 임금을 보장해 양측 모두에게 이익을 줌으로써 대화와 협력이 주축이 된 협조적인 노사 관계를 유지할 것을 주장하는 이론이다.

테일러는 자신의 원리를 곡식을 삽으로 뒤섞기, 베어링 통제, 금속 기계 제조, 선철 처리 등 손으로 하는 작업에 적용시켰다. 이 중 선철 처리에 관한 실험은 세간에 가장 많이 알려진 동시에 가장 많이 논의된 작업 방식이다. 테일러는 '소'가 옮겨야 적합한 40여 킬로그램에 달하는 선철 더미를 옮기는 일을 숙련 노동자들이 완수하는 것을 보고 의문을 제기했고, 이에 신체가 건장한 사람들 중 작업에 대한 동기 의식이 풍부한 노동자를 선별해 실험 연구 대상으로 삼았다. 이 실험에서 작업자가 지시된 과정을 따르면서 정해진 과업을 완수하면 60퍼센트의 임금을 올려 주어 그 노동자의 마음을 끌었다. 이 실험의 성공으로 작업장에 이에 따른 방식이 실행되면서 1일 생산량이 4배나 더 증가하게 되었고, 이러한 '최선의 작업 방식'은 작업장 내 규정이 되었다.

테일러주의의 확장

미국인으로 테일러 이론을 더욱 확장시킨 이론가로 세간에 가장 많이 알려진 연구가로는 길브레스 부부를 들 수 있다. 근로자의 동작과 운동 동작 및 외과 수술의 동작이 같은 원리에 토대를 두고 있다는 것에 확신을 가진 이들 부부는 사람들의 동작을 촬영하여 거기서 나타난 동작을 도표와 그림으로 완성했다. 또한 길브레스 부부는 벽돌을 쌓는 노동자의 편의를 증대시키는 동시에 일의 속도를 두 배로 증가시킬 수 있는 조절이 가능한 작업대를 발견했다. 매우 단순한 원

---

3) Frederic Winslow TAYLOR, 《과학적 경영의 원리 *La Direction scientifique des entreprises*》, 1re éd., 1911-1912; trad. fr. Verviers, éd. Gérard & Ce, 1967, p.83.

리에 맞춘 이 작업대의 개발은 미래의 인간공학의 동향, 즉 사람이 작업대에 맞추는 게 아니라 '작업대를 사람에게 맞춘' 원리를 예고한 것이라 할 수 있다. 이외에도 몽몰랭 같은 인간공학자는 종종 사람들이 테일러주의를 '무지막지한 이론'이라고 비판을 가할 때조차도 자신의 연구가 테일러의 과학적 관리론을 심화시킨 이론이라는 것을 상기시켰다.[4)]

노동의 과학적 관리 이론은 1910년부터 국제적인 영역으로 전파되기 시작하다가 제1·2차 세계대전 사이에 그 절정에 달했다. 프랑스에서는 브도가 테일러의 노동의 과학적 관리에서 영감을 받아 생산의 새로운 처리 방식에 기초를 둔 임금계산법을 개발했다. 페이욜은 군대 원리에 따라 관리를 재조직하는 데 관심을 기울였다. 그러나 테일러의 과학적 방법론을 현장에 직접 적용시키고자 한 시도는 1912-1913년 르노공장에서 발생한 노동자 파업의 원인을 제공하기에 이른다. 기술주의의 합리성을 강조한 테일러주의는 일부 고용주들에게 회의를 불러일으키는 요인이 되는 동시에 조합 운동과 공화당 좌파의 동맹을 구축하는 요인이 될 수도 있었다. 공장의 주임기사들(테일러의 열성 추종자인 르 샤틀리에, 테일러의 경쟁자였던 블롯과 정신생리학자인 아마르·라이)은 기술적인 논쟁을 거쳐 현장 관리인의 분석과 연구가의 논증이 혼합된 이론을 내놓았다.[5)]

공장에 '과학적 관리 방법 기구'의 설치가 보편화되고 작업의 합리화가 이루어지면서부터 표준 작업 방식의 획일화, 현장 감독의 자

---

4) Maurice de MONTMOLLIN, 〈테일러주의의 실제 Actualité du taylorisme〉, in Maurice de MONTMOLLIN, Olivier PASTRE(éd.), 《테일러주의 *Le Taylorisme*》, Paris, La Découverte, 1984, p.13-32.

5) François VATIN, 〈서문 Introduction〉, *in* François VATIN(éd.), 《*Frederic W. Taylor, Amar, Belot, Lahy, Le Chatelier*》《노동 관리와 기업경제 *Organisation du travail et économie des entreprise*》, Paris, Les Éditions d'organisation, 1990.

의성, 관료주의적인 규범 등 테일러주의의 과도함에 대해 비판을 가하기 시작했다. 이렇게 제기된 테일러주의는 잇달아 매우 다양한 관점을 채택하는 결과를 낳았다. 첫째는 **테일러 규범의 압박 효과**를 언급하면서 작업 정지 시간을 인정한 것이다. 두번째는 80년대 중반부터 너무 엄격한 관리로 인해 제기되는 문제점에서 교훈을 얻어 새로운 경영 모델을 언급했다는 것이다.

70년대말 테일러주의는 노동자의 자율성을 파괴하기 위한 자본의 도구로 간주되었다. 일례로 코리아트는 테일러주의를 '전쟁 기구' 라 칭하면서, 이 기구는 노동자의 지식을 점유하고 노동자의 저항을 파괴했다고 비판했다.[6] 그러나 테일러의 목적은 우선적으로 노동자의 '체계적인 휴식' 제도를 마련하는 것이었다. 미국에서 테일러주의가 노동자의 자율성에 대한 특별한 형태를 약화시키는 데 기여한 것은 사실이다. 실제로 19세기말 미국의 생디칼리슴은 동직조합조직, 지식 전수의 독점권, 장인조합이 노동 시장에 진입하는 데 대한 통제에 토대를 두고 있었다. 이 시기에 1천만 명에 달하는 장인 노동자 이주민들이 미국에 도착했고, 20세기초에는 직업 경험이 없고 동업조합의 전통을 지니고 있지 않은 농부 출신의 이주민들이 모여들었다. 이렇듯 테일러는 다양한 직종의 사람들에게 노동 시장을 개방하면서 작업 시간과 동작을 규격화하여 특정 수공업자들이 지니고 있던 독점권을 파괴할 수 있었다. 즉 테일러는 특정 지식을 박탈하는 대신 다양한 지식을 보편화시킨 것이다. 길브레스는 테일러의 과학적 관리론을 더욱 발전시켜 합리적인 기술적 동작을 대중적으로 보급시키는 문제를 고려했다. 이에 길브레스는 작업 숙련을 형식화시켜 다양한 직

---

6) Benjamin CORIAT, 《과학, 기술, 자본 *Science, technique et capital*》, Seuil, Paris, 1976. Michel FREYSSENET, 《자본주의 분업 *La division capitaliste du travail*》, Paris, Savelli, 1977.

종의 작업에 합리적 동작들을 개발해 적용시켰다. 이때부터 노동의 과학적 관리는 동작을 통해 노동자는 직업 훈련에서 자유롭게 되고, 동시에 임금 노동자는 노동 시장에서 더욱 유동적으로 될 수 있다는 사실에만 관심을 기울이게 된다.

사람들이 장인 직종에 대해 별다른 향수를 지니고 있지 않을 때, 테일러주의 원리는 더 큰 의미를 지닐 수 있게 되지만 그만큼 노동자의 자율성은 줄어들게 되는 것이다. 이렇게 레닌은 작업 과정의 표준화는 주요한 전진, 잠정적인 혁명을 나타내고 있다는 것을 주시했다. 레닌은 생산성의 향상은 실제로 노동 시간의 감소로 이끌 수도 있고, 그것은 결국 노동자들에게 정치적인 임무에 참여하게 하는 기회를 마련해 줄 수도 있다는 사실에 유념했다. 실제로 1924년 레닌이 사망한 시기에 구소련의 노동 관리는 새로운 방식의 전제적인 전환점을 이루게 된다.[7]

작업장에서의 노동 조직은 단순한 논리뿐만 아니라 '노동의 위대한 관리자' 역할을 하는 경제 체계의 모든 논리조차도 반영되지 않은 요구의 결합 형태를 띠었다. 이것은 노동 조직의 국부적인 형태와 전체 사회에 적합한 분업을 결합시키는 것이 쉽지 않다는 것을 잘 드러낸다. 기계적으로 이 두 가지를 결합시키는 것을 받아들인다는 것은 테일러주의의 추이가 전체적인 변화에 일치하고 있다는 결론에 이를 수 있는 것을 인정하는 것이다. 여기서 자본주의는 테일러리즘보다 훨씬 이전에 발생했음에도 불구하고 테일러주의와 동시에 완성되어야 했을까라는 의문이 자리잡게 된다.

---

7) Robert LINHART, 《레닌, 자영농, 테일러 *Lénine, les paysans, Taylor*》, Paris, Seuil, 1976.

3. 포드의 일관 조립 작업

포드 시스템은 매뉴팩처에서 기계제 공장 체제로의 이행, 노동 조직의 새로운 유물론 양상 같은 형태의 단절을 나타내는 테일러주의의 연장선상에 있다.

우선 작업의 세분화, 수평적 분업은 작업 위치의 배치와 설치 자체 내에 강화되고 체계화되며 기입되기에 이른다. 이미 전문화되고 기계화된 작업으로 부각된 생산 과정은 작업 수준 차원까지 분할되는 지경에 이른다. 이렇게 프리드만은 자신의 저서에서 노동의 해부 시대가 도래함을 언급하면서 세분화된 작업에 대해 분석했다.[8]

이어 작업의 표준화는 부품 · 생산 · 기계에 적용된다. 마지막으로 작업 시간의 불필요한 낭비를 없애려는 시도는 작업 위치 관계, 부품을 운반하는 시간에 대한 연구로 확장되었다. 거의 연속적인 동작으로 이루어지는 작업의 연결은 자동 컨베이어에 의해 가능해지게 되었고, 이때부터 생산성은 더 이상 제품을 전달하는 것에 통제를 가했던 위계 조직을 준수하는 것에 중요성을 두지 않게 되었다. 이러한 상황에서 포드주의는 '작업 대상의' 운반 수단과 기계 배치를 통해 수평적 분업과 수직적 분업을 이루게 된다.

과업 관리에서 동시 관리로

그 명칭에서 알 수 있듯 일관 조립 작업은 하나의 메커니즘으로 그 메커니즘을 통하여 모든 작업이 연속적으로 서로 연결되는 작업을

---

8) Georges FRIEDMANN, 《세분화된 작업 *Le Travail en miettes*》, Paris, Gallimard, 1956.

일컫는다. 이 일관 작업에서 작업 실행 시간은 컨베이어벨트나 부품을 운반하는 모든 기구에 의해 지배를 받는다. 각 노동자가 작업 대상을 찾아 움직여 이루어졌던 작업 대상의 이동은 컨베이어벨트를 통해 전작업의 동시화를 이루게 되었다. 더 정확히 말하면 "모든 부품의 생산 작업을 동시에 완성할 수 있게 된 것이다." 이에 작업자는 자동화 시스템 속도에 따라야 하고, 생산 라인이나 집단 작업 내에 통합된 기계 속도는 작업 연결 관계와 기계 공급 간의 관계에 의해 정해지게 된다. 이런 상황에서 부품과 자재의 순환이 원활하게 이루어져야 작업 시간을 절약할 수 있다는 원리에 직면하면서 재료 공급이 늦어지는 문제에 초점이 맞추어졌다. 즉 이 작업 방식에서는 단 한 개의 매듭이 늦게 공급되어도 전체 작업이 지체되는 데 영향을 미치게 되는 것이다. 따라서 일관 조립 작업이 원활히 이루어지기 위해서는 작업 관리자의 역할이 그만큼 중요시되는 것이다.

기계에 의해서 작업들이 유기적으로 연결되는 일관 조립 작업은 노동 과정 전체를 더욱 유연하게 해주는 데 일조했다. 이 일관 작업에서는 원자재가 들어오고 완성품을 만들어 낼 때까지의 작업 연결은 연속성을 지향한다. 이처럼 일관 조립 작업은 공장의 기계화가 이루어지기 이전부터 시작된 연속성을 더욱 보강하여 지속시켜 나간 방식이라 할 수 있다. 마르크스는 "매뉴팩처의 원리가 분업에 기초한 개별 작업이 이루어지는 비연속적 과정인 반면, 기계제 공장의 원리는 이러한 과정이 중단되지 않고 연속되는 과정이라 할 수 있다"[9]라고 주장하면서 초기 공장의 기계화가 도입되기 시작하면서부터 이러한 과정을 예견했다.

다수의 노동자들이 한 작업장에 모여 작업을 결합하는 방식은 **자동화**(automatisation)의 첫번째 형태를 나타낸다. 이 자동화는 생산공

9) Karl MARX, 《자본론 *Le Capital*》, *op. cit.*, 1965, p.924-925.

정의 자동화를 가져왔다. 1785년부터 미국의 에번스는 모든 생산공정이 자동화된 제분기를 개발하여 곡류 빻기, 세척, 제분, 정제 단계 등 전 과정이 사람의 관여 없이 이루어지는 자동화된 생산 체계를 창출했다. 에번스의 제분기에서는 컨베이어, 무한나사선, 통을 연결하는 사슬은 재료를 운반하는 역할을 맡았다. 그러나 에번스의 제분기는 그 당시 사람들의 관심을 끌지 못했고, 심지어는 제분업자들에게도 외면당하면서 사람들은 에번스가 개발한 기계가 전혀 새로운 것이 아니라고 비난을 가했다. 실제로 에번스의 기구들은 모두 고대 시대부터 사용된 것이지만, 연속 컨베이어 체계처럼 에번스가 창출해 낸 기구들의 배치는 이전까지 없었던 새로운 방식이었다. 시장경제를 고려하지 않은 상태에서 잠정적인 생산량의 이익을 따지는 것은 아무런 의미가 없는 것이기에 에번스의 연속 생산 체계는 결국 망각 속에 묻혀졌다.[10]

1830년부터 산업 연구는 연속 제조 체계를 실시할 수 있는 동시성과 운반 수단 체계에 초점을 맞추는 경향을 띠었다. 이에 육가공공장에서 초기의 포드주의 일관 조립 체계와 가장 많이 흡사한 해결책을 찾게 된다. 즉 고기에서 뼈를 분리해 내는 작업은 연속 기계 조립 체계가 전도된 형태라 할 수 있다. 작업에 기계화가 이루어지지 않았다면 시간을 절약하는 첫번째 방식은 작업을 분할하고, 그 다음에 컨베이어의 도움을 받아 연속 생산 체계로 구성해야 한다. 1860년대 신시내티 도살장에서 공중 운반대가 처음으로 사용된 이래로 1878년 시카고에서는 운반 도구의 기계화가 속행되어, 고기가 공장에 도착해서 통조림으로 제조되기까지 육가공공장의 모든 공정이 연결되는 생

10) Siegfried GIEDION, 《기계화의 영향력 *La Mécanisation au pouvoir*》《익명의 역사에 대한 기여 *Contribution à l'histoire anonyme*》, paris, Denoël/Gonthier, 1980(1948년 초판).

산체계를 이루었다.

1913년 디트로이트의 포드공장에서는 노동자가 작업 대상을 찾아 움직이는 것이 아니라 컨베이어벨트를 통해 작업 대상을 작업자에게 가져다 주는 **최초의 자동차 부품 일관 조립 작업 체계**를 도입했다. 작업의 정지 시간을 없앤 이 방식은 작업 자세와 작업대 간의 이동에도 적용되었다. 포드는 이 일관 작업 방식으로 작업자들이 작업 대상을 찾아 '걸어가는 시간'을 절약할 수 있다는 것을 강조했다. 전에는 전세계에서 가장 많이 팔려 나간 모델 T의 자동차를 조립하는 데 12시간 28분이 소요되었는데, 작업자 키에 맞추어 자동차 틀을 높이고 특히 기계를 이용한 작업 대상의 운반이라는 두 가지 혁신을 도입한 1913년에는 작업 시간을 무려 1시간 33분으로 줄일 수 있었다. 컨베이어는 1분당 2미터씩 규칙적으로 이동했고, 전체 작업은 45개의 작업장으로 분할되었다. 이같은 일관 작업 체계의 원리는 포드의 다음과 같은 주장으로 요약될 수 있다. "부품을 제자리에 놓는 사람은 그 부품을 고정시키지 않는다. 볼트를 설치하는 사람은 암나사를 설치하지 않고, 암나사를 설치하는 사람은 암나사를 조이는 작업을 하지 않는다."[11)]

포드공장은 1912년과 1916년 사이 생산이 10배로 증가하면서 T형 자동차의 판매가를 절반으로 내릴 수 있었다. 5천 개의 부품부터 제조된 T형 자동차는 부품의 호환성을 보장하면서 포드사의 생산 기간에 따라 검은 색상을 구비한다는 조건으로 다양한 색상의 차를 출하할 수 있게 되었다. 다시 말하면 이 생산 조직은 연속 생산에 맞춘 교환이 가능한 규격 부품의 조립으로 설명된다. 연속 생산 효과는 엄격한 시간 절약을 필요로 하는 동시에 증진시키는 데 역점을 둔다. 이

---

11) Henry FORD, 《나의 생애와 일 *Ma vie, mon oeuvre*》, Payot, Paris, 1924(1922년 초판).

같은 단순 반복 노동은 노동사회학의 경험적인 연구에서 중요한 위치를 차지한다. 이와 함께 일관 조립 작업에서는 큰 규모의 공장에서 시종일관 규칙적으로 틀에 박힌 반복된 작업을 하는 미숙련공이 주인공이 되는 것이다.

컨베이어 라인

그 명칭이 지칭하듯 일관 조립 작업은 여러 작업장에서 제조된 부품들을 조립하는 순간, 즉 생산 과정의 마지막 단계에 적용되는 것이다. 이 규격화된 부품들――예를 들어 엔진――은 예전에는 복잡한 기구들을 다룰 수 있는 숙련 노동자들에 의해 제조되었다. 따라서 일관 조립 작업의 원리를 공장에 확장시키기 위해서는 우선 이러한 전용 기계들의 조종을 단순히 하는 것이 필요했다. 이러한 상황에 따라 복잡한 기계들은 컨베이어에 의해 일관 조립 공정처럼 라인화되고 연결되는 시스템이 개발된 것이다. 1950년 디트로이트에서 이 **일관 작업 공정** 체계가 도입되면서 통합 자동화 단계에서 새로운 범주에 든 노동자들은 전용 기계의 감독관이 되었다.

이처럼 자동차회사에서 부품이나 제품을 대량으로 생산해 내기 위해서는 '일관 작업 공정' 원리 시스템이 구성되고, 동시에 보편화되어야 한다. 이 시스템이 도입되면서 노동 단위를 구성하는 것은 더 이상 기계나 작업장이 아니라 생산의 중단이 없는 흐름을 유지하는 통합 생산 시스템이 시행되는 작업장이나 공장이 되는 것으로 기업에 적합한 생산 조직은 이 원리에 일치한 것이라 할 수 있다. 정확히 말하면 지류가 강으로 흘러들어가는 것처럼 다양한 생산 라인은 자동차틀 조립 라인에 결합되는 것이다. 그렇다고 해서 포드 시스템이 예전의 생산 체계를 완전히 대체하지는 않았다. 복잡한 기술을 요하는 기계로 소량 생산이 이루어지는 산업 영역과 작업장에서는 전통적인 테일러 시스템이 여전히 사용되었다.

연속 생산에서 대량 소비로

포드주의는 단지 노동 관리 방법만을 나타낼 뿐 아니라 특별한 상황을 이용해 경제에 새로운 활기를 불어넣어 소비 사회로 변화되는 시기를 나타낸다고도 할 수 있다. 표준 가격대의 자동차를 생산하여 대량 소비 제품으로 확산시킨다는 포드의 생각은 그 당시에는 파격적이었다. 이외에도 포드는 혁신적인 경영 방식을 도입하여 최저임금을 높여야 한다는 테일러의 사상을 추진시켜 '일당 5달러' 까지 올리는 등 획기적인 정책을 폈다. 포드의 이같은 최저 임금 인상 정책은 노동자를 유인하는 효과와 동시에 노동자를 붙잡아두고자 하는 방책이기도 했지만, 특히 포드가 판매 생산을 연결시키려고 결심했다는 점을 의미하는 것이기도 하다. 생산과 대량 소비를 실제로 임금 인상을 통하여 연결시키려는 효과는 다른 산업 분야에도 영향을 미쳤다. 대량 생산으로 이루어진 제작 단계의 절감은 소비품의 가격 인하, 임금 인상, 다양한 취직자리를 보유할 수 있게 해주었다. 이렇게 노동과 생산, 소비 조직의 결합은 1920-1929년 미국인들의 생활 수준을 한 단계 끌어올리는 중요한 요인이 되었다. 이렇듯 포드자동차 회사의 예에서 나타난 것처럼 생산 구조와 경제 구조는 긴밀하게 연결되어 있다.

그러나 이러한 결합은 동시에 결점을 드러냈는데, 연속 생산의 규모는 통합된 자동화가 조건이 된다는 데 그 문제가 있었다. 즉 각 전용 기계는 규격화된 부품에 대한 작업을 실시하기 위해서는 특정화되기에, 결국 안정된 시장에서 일정 불변의 대량 생산품을 팔아야 한다는 것이다. 따라서 제품에 대한 수요는 너무 많은 변동이 있어서는 안 되고, 기복이 많아서도 안 되는 것이다. 경제가 팽창되는 시기에는 새로운 시장이 발전되고, 이와 관련하여 통합 자동화는 지속적으로 유지되어야 한다. 수요가 줄거나 회사들간의 경쟁 효과로 수요가 다양화되면 이러한 해결책은 한계에 부딪치게 된다. 결국 재고품이 쌓이고 회사들간의 경쟁으로 다양한 제품이 나오게 되면서부터 대량 생산은 결국 변화의 길을 모색해야 되는 것이다.

포드주의의 도입으로 유발된 경제 성장은 결국 대량 생산(production de masse)에 기초한 경제 체제와는 분리시킬 수 없다는 것은 명백하다. 그러나 생디칼리슴의 부상과 임금 노동자와 사무직 노동자 간의 관계 조직은 '번영의 길'이 전개되는 데 광범위하게 관련성을 맺고 있다는 것 또한 짚고 넘어가야 할 문제이다.(제IV장 참조)

4. 노동 조직의 새로운 형태

노동 조직의 '새로운' 형태들은 점차 그 참신성을 많이 잃어 갔다. 실제로 새 조직 형태는 70년대 중반 성공을 거두고, 예전에 시도되었던 형태를 계속 추진해 나갔던 일련의 모든 노동 조직의 개혁을 내포하는 것이다.[12] 대다수의 사람들에게 있어서 이러한 실험들은 분할된 임무나 작업을 재조직하는 것을 구성한다. 따라서 이전에 이루어졌던 분업과 관련되어 실험이 진행될 때에만 그 시도는 혁신적인 양상을 띠고 있다고 간주되는 것이다. 결국 노동 조직 형태는 분업으로 구성되든지, 혹은 다른 양상으로 재조직되는 형국을 나타내게 된다.

---

12) 이에 대해서는 Yves DELAMOTTE, 《더 인간적인 산업 노동 조직에 관한 연구 *Recherches en vue d'une organisation plus humaine du travail industriel*》, Paris, La Documentation française, 1972; Alain d'IRIBARNE(éd.), 《노동 조직과 그 새로운 형태 *L'Organisation du travail et ses formes nouvelles*》, Paris, La Documentation française, 1976을 참조할 것.

따라서 노동 과정은 그 개혁이 한계에 도달하는 만큼 다시 되풀이되는 양상을 이루게 된다. 이러한 사실은 다양한 명칭으로 시도된 여러 개혁들이 결국 외양만 개혁 형태를 취하고 있지, 그 내재적인 양상은 동일 선상에 있는 이유를 설명해 주는 것이다.

노동의 인간화 개념

1950-1960년대의 전환기에 타비스톡연구소(Tavistock Institute)에 의해 실시된 인간 관계(Human Relations)에 대한 연구는 인간관계학파의 반테일러주의의 논지를 고수한다.(제I장 참조) 타비스톡연구소는 1946년 제2차 세계대전 동안 군인 충원 문제를 해결하기 위해 집단 역동성에 접근하는 방식을 사용한 연구자들에 의해 런던에 설립되었다. 이후로 에머리와 트리스트는 특정 도구와 결합된 노동 조직 형태의 상관성을 강조하는 개념을 제시했다. '사회-기술적 체계'라는 개념을 제시한 타비스톡연구소의 학자들은 기술적 측면과 인간적 측면의 상호 의존적 관계에 우선을 두면서 이 두 측면을 양립시키려고 시도했다. 전통적 인간 관계와 달리 이러한 관점에서 권장된 방안은 직무 자체 내용을 변화시키는 데 적용되었다. 기술과 조직을 결합시키려는 연구는 마찬가지로 데이비스에 의해 설립된 미국학파의 직무 기획에서도 제시된다.

대다수 학자들에 의해 제시된 직무 풍요(job enrichment) 실험은 그 이전에 제시되어 많은 논쟁을 불러일으킨 허즈버그의 개념에 영향을 받은 것이다.[13] 허즈버그는 동시에 테일러주의의 합리화와 인간 관계 관리론에서 제시된 불충분한 보상을 논박했다. 허즈버그의 논리는 상

13) Frederic HERZBERG, 《노동과 인간의 본성 *Le Travail et la Nature de l'Homme*》, Paris, Entreprise moderne d'éditions, 1971(1966년 초판).

황에 대한 분석에 토대를 둔 것이 아니라 근본적으로 매슬로의 **욕구 계층 이론**(hiérarchie des besoins)에서 전개된 동기의 일반적인 '이론'에 근거를 둔 것이다.[14] 즉 허즈버그는 인간이 노동에 대해 가지게 되는 동기성을 역사와 사회적 범위를 제거한 인간 본성 안에서 그 근원을 발견하려고 시도하면서 노동자의 직무 만족을 향상시키기 위해서는 특별수당을 지급하는 대신 더욱 창조성이 요구되는 일을 담당하게 해주는 것이라고 주장했다.

테일러주의와 포드주의의 한계

60년대말부터 공장·은행·보험회사에 적용되기 시작한 노동의 과학적 관리론과 특히 대량 생산 공장에 일관 작업이 확장되면서 70년대 중반에는 이 두 이론에 대한 문제점이 드러나기 시작했다.[15] 이 사실은 테일러의 관료주의가 공장 내에서의 노동 관계와 업무를 무겁게 짓누르고 있다는 것이 확증된 것이고, 동시에 포드식 모델에 따른 조직 생산력이 엄격한 자동화에 대한 한계와 모순을 드러내면서 여러 가지 기술적인 문제에 봉착했다는 것을 나타내는 것이라 할 수 있다. 다시 말하면 일관 작업의 완벽한 균형을 이루는 일과 또한 작업대 간의 맡은 직무를 일률적으로 분배하는 것이 난점으로 드러난 것이다. 결국 관리 주기는 개인과 일일 작업 시기에 따라 달라지고, 작업의 극단적인 분할은 역설적으로 생산성이 감소하는 결과를 초래했다. 또한 작업 부서가 많아질수록 비생산적인 이동 시간은 그만큼 증가했다. 극단적으로 노동자들은 대부분의 시간을 부품들을 기다리

---

14) A. H. MASLOW, 《동기화와 성격 *Motivation and Personality*》, New York, Harper and Row, 1954.

15) Robert LINHART, 《작업대 *L'Établi*》, Paris, éd. de Minuit, 1978. Claude DURAND, 《일관 작업 *Le Travail enchaîné*》, Paris, Seuil, 1978.

는 데 보내게 된다. 마침내 일의 가속도는 불량품과 낭비, 결함 제품을 양산하는 결과를 낳았다. 기술적인 문제점 이외에도 견딜 수 없는 작업 속도 효과는 노동 조건이 손상되었다는 것을 입증했다. 항상 똑같이 되풀이되는 단순 노동은 노동 혹사와 산업 재해를 초래하는 상황에서 노동자의 결근과 이직률이 증대되었다. 고용주들은 이러한 사태에 대해 임시적으로 하청 작업과 임시직으로 대처하려고 시도했다.

또한 노동 과정을 분절시키는 일관 작업은 작업자들을 구분할 필요가 없었고, 결국 그것은 노동 결합을 강화하는 경향을 띠게 되었다. 연대성 효과는 단지 '연결 작업' 이나 '휴식' 에서만 드러나는 게 아니라 다양한 요구와 갈등 안에서도 나타난다. 노동자를 '지배하기 위해 분리하는 것으로 구성된 조치' 는 고용주에게 있어서 또한 이중의 의미를 지니고 있는 것이다. 즉 대등한 부서간에 인위적인 구별을 도입하는 것은 작업자간 상호 호환성의 한계를 짓는 동시에 노동자가 부재한 경우에 대치할 수 있는 가능성의 한계를 정하는 것이라 할 수 있다. 이런 상황에서 노동 인구는 더 이상 대다수 비숙련공의 특징을 나타내는 것이 아니다. 마찬가지로 학력이 높은 노동자수가 점점 증가한다는 사실은 부당한 명령과 판에 박힌 반복적인 작업에는 응하지 않았음을 나타내는 것이기도 하다.

60년대에 발생한 노동자들의 투쟁은 영화《모던 타임스》에서 제시된 노동자상을 거부한다는 것을 선언한 것으로 당시 이 슬로건은 합법적으로 인정되었다. 그것은 일종의 인간주의의 급변 상황에서 합의된 대의명분이었다. 그러나 거기에는 이중의 메시지가 내포되어 있었다. 그것은 단지 사회적인 갈등과 파업을 표현하는 단조로운 일과 결합 노동의 거부뿐만 아니라 동시에 임금 영역과 노동자의 지위 관점에 대한 구체적인 요구를 나타내는 것이기도 했다. 결국 노동자들의 투쟁은 노동의 과학적인 조직 이미지 이외에도 약화된 경제적 모델의 효과와 노동 생산성을 나타내는 것인 동시에 대량 생산의 절대적인 가치는 한계에 도달했다는 것을 알려 주는 것이다. 이로써 풍요의 숭배는 물질적 · 문화적으로 소외되는 소비 사회의 비판으로 이어지게 된다.

이렇게 노동 조건과 삶의 조건에 대한 '불만족'이라는 맥락 안에서 노동 조직의 '새로운' 형태는 발전한다. 노동의 재창출 과정이라는 운동과 함께 노동 조직 형태는 세분화된 반복적인 작업에 대한 재검토로 제시되었다.

직무 재조직

이전 조직이 지니고 있던 엄격함을 타개하기 위하여 실시된 여러 가지 선도적인 실험은 각자 다양한 가치를 지니고 있다. 이들 연구는 단조로운 작업을 타파하려는 문제점과 노동자들의 직무 만족도, 노동자들에 관련된 문제점을 제시하면서 이에 따른 해결책으로 직무 풍요 · 직무 확대 · 반자율적 작업 집단의 세 가지 직무 재조직을 실천 방안으로 제시하였다. 원칙적으로 이 세 가지 직무 양식은 수직적/수평적 분업 형태에 일치하는 것으로 작업 풍요는 수직적 분업에 목표를 두고 있고, 직무 확대는 수평적 분업을 의미하며, 반자율 집단은 위의 두 가지 원리를 결합한 것을 나타내는 것이다.

허즈버그 이론에서 영향을 받은 **직무 풍요**(enrichissement des tâches) 제도는 노동자의 '직무 만족' 전략과 새로운 동기화 전략에 의거하여 노동을 재조직하는 데 있다. 이론적으로 이 제도는 테일러식의 분업을 재검토한다는 것을 의미할 수 있다. 직무를 풍요롭게 한다는 것은 결국 업무의 구상 · 준비 · 책임 부분을 복원하는 것이기 때문이다. 실제적으로 직무 풍요는 오히려 '양식'이나 서열화된 관료 양상에 대해 매우 제한된 행위에 관련된다. 결국 이 제도는 노동자의 물질적 · 사회적인 조건에 대한 자문 없이 동기화를 다루는 것은 한계를 드러낸다는 것을 보여 주고 있다.

직무 확대(élargissement des tâches)는 그 명칭에서 알 수 있듯 같은 수준에 있는 직무를 추가시킴으로써 직무의 범위를 증대시키는 데 관심을 두는 제도이다. 직무 확대는 일종의 작업장을 순환하는 제도로, 이 작업 순환은 노동자들간 하나의 전기를 마련하는 계기가 되었다. 이 직무 순환 제도의 효과는 한 사람의 노동자가 파편화된 같은 일을 수도 없이 반복하는 형태에서 벗어나 노동자들로 하여금 규칙적으로 작업 장소를 바꾸어 가게 해서 일에 대한 관심도를 창출하는 데 있다. 이처럼 직무 확대는 예를 들면 재고 관리 같은 유사한 여러 가지 직종을 재조직하고, 여러 가지 결합 노동을 재결합하는 데 있다. 이 직무 확대가 관심을 가지는 사항은 세분화된 직무 요소들을 재정비하는 것으로 상이한 업무를 통합시키는 데에 있다. 따라서 이 제도에서 분업의 기본 형태는 그대로 유지시켜 일의 속도는 전과 유사한 것이 특징이다.

반자율 집단(groupes semi-autonomes)의 실행은 원칙적으로 한계성이 드러난 앞의 두 가지 작업 형태를 결합시킨 것이다. 이 제도는 작업자들에게 자율을 부여하여 작업대와 작업자들을 재구성할 수 있게 해주는 제도이다. 반자율 집단에서는 작업 집단 내의 작업 방식, 업무 배당, 임시 특별 수당 지급 같은 것에 대한 시도를 팀 공동으로 하는 것이다. 여기서는 '소집단' 혹은 '표준 집단'에 적합한 '객관적인' 기준, 즉 부품 개수에 따른 작업 시간을 부여하게 된다. 1953년부터 테스트를 거치기 시작한 이 직무 제도는 생산성 관점에서뿐만 아니라 사회 관계 측면에서도 기업들에게 이로운 제도라는 것이 증명되었다. 특히 이 제도는 작업자들에게 실제적으로 반자율성을 주어 작업 시간과 작업 방식 등 작업 방식의 일부분을 통제하는 데 참여시킨다는 특징을 지니고 있다. 이렇듯 노동자를 경영과 직원 대표 과정에 참여시키고자 하는 시도는 산업민주주의 관점에 해당되는 것으로, 노르

웨이의 상선회사는 이같은 직무 제도의 선도적인 실험을 실시하여 기업 내 경영 방식에 변화를 주었다. 1969년부터 고용주 동맹의 지지를 받는 이와 유사한 운동이 스웨덴에서 확산되었고, 1975년에는 수천 개 기업에 적용되었다. 볼보 자동차의 칼마르공장(현재는 폐업됨)은 일찍부터 팀의 작업자들이 작업 과정과 작업량에 대한 상당한 정도의 자율성을 부여하는 제도를 도입했다. 조업이 중지된 구역에 건설된 칼마르공장은 그 조직의 기초를 작업팀에 두어 이 팀원들에 의해 자율적으로 업무가 배분되는 작업 조직을 구축했다.

이같은 제도들은 노동의 객관적인 양상과 주관적인 양상에 불균등하게 영향을 미친다. 작업 동기화의 목적을 둔 시도들은 앞에서 이미 언급한 '호손 효과' 이상의 장기적인 효력을 지니고 있지 않다. 따라서 일관 조립 작업의 한계를 상쇄시키면서 조정된 반-자율 집단――'표준 집단'과 기타 '소집단'――에서는 작업대수가 줄어드는 대신 조업 정지의 위험은 감소한다. 결국 작업의 자율성이 위임된 반자율적 집단에서는 작업 정지 시간을 감소시키면서 노동자들의 작업 규범을 향상시키게 되어 생산적인 노동으로 전환시키는 결과를 보여 주고 있다.

이같은 작업 재조직 형태는 일부 소수 노동자들에게서만 미약한 지지를 얻었고, 노동사회학자들과 노동경제학자들은 이런 제도들의 도입이 한시적이거나 피상적인 효과에 불과하다는 결론을 내렸다.[16] 이같은 직무 제도에 대한 조정은 분업의 기본 조직은 유지한 채 작업 내용에 변화를 가져오게 하는 데 기여했다. 결국 이같은 직무 제도의 도입으로 작업 방식의 합리화는 이루어졌지만, 그 근본 목적인 작업

---

16) 《노동사회학 *Sociologie du travail*》 특별호, 1, 1976; Michel AGLIETTA, 《자본주의의 조정과 위기 *Régulation et crises du capitalisme*》, Paris, Calmann-Lévy, 1976.

정지 시간을 몰아내려는 의도는 계속해서 연구되어야 할 과제로 남았다. 또한 노동자들의 다기능화는 일에 대한 작업자들의 책임감을 높이고, 노동자들간의 상호 교환성을 높이는 효과를 거두었다. 이렇게 직무를 '재조직하는 것' 은 특정 직종을 새로 구성하는 것이 아니라 작업 배치 전환을 통해 작업자들이 다능공화되는 시스템을 구축하는 것이다. 따라서 이를 통해 작업자간의 업무 대체 가능성과 상호 교환성을 높이고, 결국은 노동 과정에 대해 더욱 유동적으로 대응할 수 있는 것이다. 또한 작업 재조직은 작업자들이 다양한 업무를 익히는 동시에 업무에 대한 자격을 획득하고, 더 나아가 고소득을 획득하는 것에 그 목적을 지니고 있다.(제Ⅲ장 참조) 이같은 작업 재조직은 위에서 언급된 다양한 제도의 가치와 그 제도의 실제적 확장에 대한 가치를 평가하기 위한 결정적 기준이 된다. 이런 상황에서 직무 조직에 대한 개혁은 20년대초부터 발전되기 시작한 노동자의 다능공화 형태보다 더 많은 논란의 대상이 되었다는 것은 당연한 일이다.

5. 공정 산업

'테일러주의-포드주의' 의 모델로서 제시되는 일관 조립 작업은 이 생산 방식의 실행을 보편화하고 다양한 형식으로 된 노동의 과학적 조직과 자동화 양식을 은폐하는 경향이 있다. 기계 자동화로 이루어지는 일관 조립 작업에서는 화학 산업 분야에서 오랫동안 실시한 방식과 노동력의 다기능화로 얻은 방식보다 더 '자연적인' 자동화 방식이 존재하는 것은 명백한 사실이다. 이렇게 다른 원형에 비추어 다능공화는 자동화의 당연한 결과로 나타나고, 동시에 실제적인 유연적 조직 체계 형식들이 그 독창성을 상당 부분 잃었다는 것을 나타내준다.

연속 대량 생산

화학 산업에서 오랜 역사를 지니고 행해지던 생산의 연속성은 대량 생산의 특성을 지니고 있지 않다.

화학 반응 실험은 원칙적으로 제시된 성분들간에 동시에 일어나는 자연적인 변화를 다루고 있다. 그러나 그 반응은 혼자서만 진행시킬 수 없으며, 시간이 걸릴 수도 있고, 그 반응이 멈출 때는 다시 작동을 시켜야 했다.

19세기 중엽부터 화학 산업은 비연속 반응 생산을 **연속 공정**(procédés continus) 생산 기술로 대체시키려는 연구를 시도했다. 이에 따라 연속성이 화학 반응에 내재하는 속성이 되게 하기 위한 다양한 공정에 초점을 맞추는 연구가 진행되기 시작한다. 따라서 공정 산업을 규정하는 연속 생산량은 자연적으로 이루어진 게 아니다. 더욱 원활한 유연 생산 체계를 가능케 하는 연속 공정 기술에 대한 연구는 화학 산업 발전의 중심축이 되는 것이다.[17)]

정확하게 분류하면 화학 분야는 공정 공업 기술에 포함되지 않는다. 즉 공정 기술 산업에는 소다 · 탄소 · 석유 부산물 같은 원자재를 대량 공급 생산물로 변화시키는 중화학 산업과 석유 · 제철 · 유리 · 셀룰로오스 · 음식 · 핵 산업이 들어간다.

일찍이 연속성의 원리는 화학 분야에 서서히 통합되고 적용되기 시작하면서 세계 각국의 엔지니어들은 활발하게 화학 산업의 연속 대량 생산을 발전시킬 방법 연구에 전념했다. 연구 결과 포드의 일관 조립 컨베이어 대신 변형된 물질을 운반하는 도선망이 개발되었고,

---

17) François VATIN, 《유연 생산 체계 *La Fluidité industrielle*》, Paris, Méridiens-Klinsieck, 1987.

이에 따라 '자동화 시스템'으로 전개되는 생산 체계에서도 여전히 사람이 감독을 해야 했던 통제 시스템의 자동화를 이루게 되었다. 그러나 매우 빠른 속도로 도입된 자동화에도 불구하고 공정 산업의 작업자들은 훗날에도 여전히 작업복의 기름때에서 자유로울 수 없었다.

종업원수에 대해 비교해 보면 공정 관리 체계 공장에서는 일관 조립 체계로 운영될 때보다 인력 채용이 줄어들었다. 흰색 작업복을 입은 기사와 자동차 조립 생산 공장의 비숙련공 작업은 전혀 다른 차원 형식에서 이루어지는 것이다. 즉 공정 시스템에서의 기계 작업자는 생산이 중단될 때만 동원되었는데, 정확히 말하면 공정 관리 체계가 중단된 것을 다시 원상태로 되돌려 놓을 때만 기사들의 임무가 필요한 것이다. 이렇듯 기사들의 임무는 공정 관리 설비를 감독하고, 그 체계를 유지케 하는 역할만 담당하는 것으로 기계의 고장 알림 신호, 여러 가지 우발 사고 신호를 발견하고 공정 관리 체계가 완전히 작동이 멈추는 것을 미리 예방하기 위해 지속적인 감시를 수행하는 역할을 담당한다.

보이지 않는 조직

화학 산업 조직이 자연적으로 전개될 때는 표준화된 조정이나 자의적인 규정을 필요로 하지 않을 것이다. 그러나 예기치 못한 여러 상황에 직면하게 될 것에 대비해 필요할 때마다 인력의 공급이 즉시로 이루어질 수 있어야 한다. 그렇다고 해서 화학 산업이 서열화와 테일러식의 규범에서 벗어나 있는가에 대해 의문을 제기하면서 노동자들과 기술자들은 종종 화학 산업이나 석유화학 산업에는 진정한 노동 조직이 존재하지 않는다는 것을 표명했다. 그러나 이들이 자신들의 작업을 언급함에 따라 작업자들에게 내려지는 명령들은 여전히 표면으로 드러나지 않은 채 오히려 안전의 절대적 필요성과 화학 산업에 적합한 기술적인 요구 형태하에 전적으로 제시되고 효과적으로 은폐되어 있다. 실제로 노동 조직은 두 가지 인식 경로――엔지니어의 이론적 인식과 제조기사의 실제적 인식――를 기초로 한다. 이러한 경험적인 수완과 방식 조직은 결합 노동자에게 일정한 자율성을 부여해 작업을 관리하는 것을 허용한다. 물론 여기에는 통합 요인이나 압력을 가하는 방식이 모호하게 연루되기도 한다. 또한 형식적인 과정과 인식 기구가 고용주의 기준에 따라 운영된다는 문제점이 있다. 일례로 사고가 일어났을 경우 작업 명령을 준수하지 않은 것에 대한 문책에 관련될 때 규범은 다시 원점에 이르게 되는 것이다.[18)]

본래 자동화는 작업을 더욱 추상적으로 만들었다. 이러한 사실은 작업에서 필요로 하는 지식들이 더욱 모호해졌다는 게 아니라 노동자가 변형된 재료와 직접적인 접촉을 하지 않는다는 것을 의미한다. 결국 작업 공정이 더욱 모호해지고 있다는 것은 이제 더 이상 통제실에 있는 작업관리자는 생산품을 보지 못하고, 도표 조판공은 더 이상 자동화 설치를 보지 못하는 양상에 직면하게 된다는 것이다. 이같은 상황에서 제품 단위의 체계적인 양상을 구성하고 있는 일람표는 마침내 사라지게 되고, 공정 안내는 보조 관리 컴퓨터 프로그램으로 대치되기에 이른다.

공정 산업 기술자들은 노동 조직에 무관심을 나타내는 반면, 작업 시간에는 매우 민감하게 반응한다. 실제로 생산이 자동적으로 전개되는 순간부터 개인의 작업 시간은 자동화 설치 기능 시간에서 분리된다. 작업팀들이 계속적으로 작업의 통제를 하기 위해 서로 교대되어야 하는 상황에서 노동의 원리는 아주 '자연스럽게' 연속적인 팀

---

18) Robert LINHART, 〈노동 과정과 노동자 계층의 분할 Procès de travail et division de la classe ouvrière〉, *in* 《분업 *La Division du travail*》, *Colloque de Dourdan*, Paris, Galilée, 1978, 21-32.

으로 이루어지는 것은 당연한 결과이다. 이런 상황에서 작업 시간과 작업 배분 간에는 밀접한 관련이 있게 된다. 즉 작업 조직면에서 개개 작업팀, 특히 야간 작업팀은 예기치 않은 일이 발생할 경우에 스스로 조치를 취할 수 있어야 하고, 생산 제품의 품질 관리에 전념하고, 기계 설비가 고장이 났을 때 응급 수리를 할 수 있어야 한다. 또한 이 작업 조직에서는 이론상 감시 작업은 지속적으로 행해지지 않는다. 따라서 이러한 팀작업 조직에서는 작업자들의 다능공화로 새로운 직무의 할당이나 직무 변동 같은 기능적 대응 능력이 가능해지게 된다. 팀 작업자들은 배치 전환을 통해서 소속팀의 모든 업무를 익히고 다능공화되기에 이전보다 감소한 노동력으로도 다른 작업으로 대치할 수 있어 탄력적으로 노동력을 이용할 수 있게 되는 것이다. 공장의 자동화 지향 체계는 이미 60년대 나빌에 의해 분석된 바 있다.[19] 70년대는 공정 산업 분야에서 발달되기 시작한 다능공화로 새로운 형식의 작업 배치와 노동자 계층이 형성된 시기이다. 이러한 사실은 우선 여러 가지 기능의 재조직을 구별짓는다는 특성과 다능공화는 생산 직원에만 한정된 분야에 관련되고, 이외 다른 범주에 속한 노동자들은 소외되고 더욱 불안정한 위치에 직면하게 되었다는 것을 나타낸다.

동시에 이 팀작업 조직에서는 표면화되지 않은 분업의 원리를 드러내었는데, 실제로 노동자들의 다양한 처리에 기초를 둔 이중의 분절 노동이 실행되었다.

팀작업 조직에서의 작업자는 다음의 도표에서 나타난 것처럼 수직 분업(구상/실행/하위 기능)과 수평 분업(제작/관리)에서 고안된 네 가지 구성 요소로 분리된다.[20]

---

19) Pierre NAVILLE, 《자동화 사회로 향하고 있는가? *Vers l'automaisme social?*》 《노동과 자동화의 문제점 *Problèmes du travail et de l'automation*》, Paris, Gallimard, 1963.

구 상
주임기사, 기술자, 고위관리층

생 산	관 리
통제관리, 감시, 자동기기 조작원	전문 작업자

생산: 하위 작업과 부대 작업(제품 취급, 청소, 상품 포장, 분해 등)
막노동, 비숙련공, 초심자

생산직 작업자는 우선 원심력 운동에 기초하여 분리한다. 하위 작업과 부대 작업은 임시직 같은 특정 작업팀에 소속되지 않은 인력으로 구성된 비숙련 집단에 맡긴다. 소속 위치 관점에서 '장외 노동자'에 속하는 이들 집단은 생산관리자의 통제를 받는다. 그리고 화학 산업과 정유 산업은 연속적으로 작업 조직의 재편성을 시도하여 생산 조직과 관리 조직에 대해 부분적으로 결합시키는 방법을 고안했다. 이를 위해서는 관리 조직의 업무를 관리나 감독 직무뿐만 아니라 기계의 수리 같은 생산직 업무도 포함시켰다. 예외적으로 특별 관리가 요구되거나 대규모 인력의 참여로 이루어지는 작업에 대해서는 하청에 의존하였다. 이같은 작업 조직의 재편성 시도는 노동력을 내적인 구성 요소와 외적인 구성 요소로 분리시킨 새로운 패러다임을 제시한 것이라 할 수 있는데, 이는 다음과 같은 원리에 입각한다.

—— 내적 구성 요소: 다기능과 상호 교환이 가능한 생산-관리 작업자로 회사 내 전략적 '핵심' 역할을 함.

—— 외적 구성 요소: 임시 · 계약직 · 하청 작업을 맡고 있는 '작업

---

20) Benjamin CORIAT, 〈공정 산업에서의 노동력의 분리와 분할 Différenciation et segmentation de la force de travail dans les industries de process〉, 《분업 *La Division du travail*》, *Colloque de Dourdan*, *op. cit.*, p.109-124.

장 내 특정 팀에 소속되지 않은' 대다수 작업자.

이 '장외' 노동자는 결국 산업별 협약 체제에 규정된 임금 조건과 노동 조건의 보호를 받는 노동자 집단에서 소외당한 사람들이다. 이렇게 같은 작업장에 고용된 노동자의 4분의 3은 4시간 교대 근무 제도의 혜택을 받지 못하고 있지만, 실제로 이들 장외 노동자 없이는 공장을 가동시킬 수 없다. 이처럼 노동력의 이중 구조는 노동력의 이원화로 명백히 표시할 수 없다. 다기능 작업자의 상황은 '주변' 노동자들의 범주에서 자유롭지 못했고, 이들의 처지는 새로운 범주로 확장되어 나가는 가혹한 하청 정책에 연결되어 있었다. 1975년에 작성된 작업 결산표——인원 감축, 결근에 대한 체벌 체계, 주문 증감에 따른 작업량 배당, 작업 정지 시간의 감소, 생산 제한 실행과의 투쟁——는 테일러리즘의 목표와 별반 차이가 없다는 것을 알 수 있다. 80년대 중반부터 이같은 유사한 책략 양상에 맞서 많은 수의 연구자들은 오히려 노동 조직과 노동의 자율화 선언의 비정형적인 양상을 강조했다.[21] 이렇게 상당수의 사회학자들은 불확실한 상황에 맞서 즉흥적으로 대처할 수 있는 작업자의 수완과 능력은 제도를 반드시 변화시키는 지표가 될 것으로 보았다. 한편 케른과 슈만은 《분업의 종말》에서 노동 과정의 통제는 대규모 독일 화학 산업의 고정화된 위계 조직의 절정에 머무르고 있는 것이라고 주장했다.[22]

---

21) Gilbert de TERSSAC, 《노동의 자율성 *L'Autonomie dans le travail*》, Paris, PUF, 1992, p.118-119.

22) Horst KERN, Michael SCHUMANN, 《분업의 종말 *La Fin de la division du travail*》 《공장 생산의 합리화 *La rationalisation dans la production industrielle*》, Paris, Éd. de la Maison des sciences de l'homme, 1989(1984년 초판).

6. 유연 생산 조직 체계

일관 조립 작업에서 제기된 기술적이고 사회적인 어려움 이외에도 70년대 중반에 불어닥친 경제 공황은 포드식 모델의 종말을 예고하고 있었다. 이러한 상황에서 그동안 비효율적이라고 등한시되던 생산 방식들은 시장의 변화에 따라 고효율 방식으로 제시되기 시작하였다. 포드식 생산 방식으로 운영되던 생산력은 그 한계를 드러내고, 소비에 맞춘 대량 생산과의 결합은 시장 요구의 변화에 대응하기 어렵다는 문제점이 드러났다. 이에 기업간 경쟁은 생산량과의 경쟁이 아닌 질 좋은 제품과 서비스를 생산해 내는 단계로 발전되어 나갔다. 그러나 이러한 사실은 심층적이건 피상적이건 제품의 속성에 재빠르게 변화를 주어야 한다는 당위성을 따랐다는 것이지, 상품의 질이 반드시 향상되었다는 것을 의미하는 것은 아니다. 표준화된 상품의 대량 생산 체계로는 더 이상 다변화된 소비자의 요구를 충족시킬 수 없게 되자, 기업은 연속 생산 효과의 이점은 유지하면서 그때그때마다 필요한 상품을 언제든지 생산해 낼 수 있는 다품종 소량 생산 방식을 도입하기 시작했다. 이때부터 안정된 생산에 맞춘 엄격한 방식에 그 기준을 둔 포드주의적 자동화는 다양성과 신속성을 결합시켜 변화무쌍한 상황에 순발력 있게 대처할 수 있는 생산 방식을 추구하게 되었다. 이같은 유연 생산 체계는 경제 위기와 고용 위기가 심화되는 상황에 대응하기 위해 형성된 생산 조직 전략이라 할 수 있다.(제V장 참조)

이 유연 생산 체계는 반드시 전문화된 소량 생산 형태로의 회귀를 내포하는 것은 아니다.[23] 실제로 일본식 유연 생산 체계는 대량 생산의 자원과 다양성의 제약을 결합시킨 원리에 따르고 있다. 따라서 새로운 조직에 대한 적응 속도로 결정적인 목표를 구성하는 유연 생산 체계에서는 모든 작업 정지 시간을 제거하여 작업 시간을 절약하는 데 목적을 둔 예전의 작업 방식을 추구하지 않는다. 대신 유연 생산 체계에서는 기술과 조직 · 노동력에 유연성을 결합한 혁신 체제를 추구한다.

유연 생산 기술

기술은 기법을 지칭하는 것 이외에도 다양한 생산 공정에 응용할 수 있는 일반적인 원리를 정의한다. 예를 들어 기계 · 전기 · 전자는 다양한 기술 체계의 변화 과정을 나타내는 것이지만 이 기술들은 결합할 수 있다. 따라서 '신기술'이라는 표현은 일상적으로 정보 통신 · 컴퓨터 · 수치제어 계산기 · 극소전자 기술이 응용되는 모든 체계를 일컫는 것이다. 이 체계에서 컴퓨터는 '유동적인(versatile)' 도구로 모든 종류의 정보 전달 기능을 처리할 수 있는 보편적인 기계로 제시된다. 이러한 기술 형태는 다른 형태의 기술, 특히 전화 · 텔레비전 · 팩시밀리 등 공간적으로 멀리 떨어진 사람과 통신할 수 있는 기술과 결합을 이루고 있는 것처럼 이 모든 기술 프로그램은 한 생산 단위에서 다른 생산 단위로 유연하게 이전할 수 있는 특징을 지니고 있다. 예를 들어 어떤 공장에서 파업 상태에 있는 경우에라도 텔레마티크 체계[전화와 컴퓨터를 결합한 정보 시스템]를 이용한다면 이론적으로 세계 여러 나라에 즉시 다품종 생산품을 보낼 수 있는 것이다.

이렇게 컴퓨터는 다른 기술 장치에 결합되어 여러 기계들에게 명령을 내릴 수 있고, 통제할 수 있는 기능을 담당하게 된다. 컴퓨터나

---

23) Michael J. PIORE, Charles F. SABEL, 《번영으로 이르는 길 *Les Chemins de la prospérité*》《대량 생산에서 유연적 전문화 체계로 *De la production de masse à la spécialisation souple*》, Paris, Hachette, 1989(1984년 초판).

PAO를 결합한 생산은 다양한 기술들의 연결이 유연하게 이루어져야 하고, 동시에 특정 기능들의 자동화와 기계들의 변용이 용이해야 한다. 즉 매우 정확하게 기계 자동화의 유연성이 보장되어야 하는 것이다. 이러한 상황에서 프로그램의 설치에 따라 규정되는 통제는 잉여적인 부분이 되었다. 다시 말하면 작업 시간은 자동화 설치뿐만 아니라 생산 과정에서도 체화되는 것이다.

기계 시스템

위의 사실을 분명히 하기 위해 공작 기계의 예를 다시 들어 보도록 하자. 이 공작 도구들은 작동하는 기구로 변용되면서 다양한 작업을 실행할 수 있는 '만능' 기계, 복합 기계로 불렸다. 이 기구들이 소량 생산 체제로 개발됨에 따라 컨베이어벨트를 이용한 조립 생산 라인에서의 기계는 단순화 · 전문화되고, 심지어 미리 조절되는 형식으로 바뀌었다. 수치 제어 계산기 실행은 실제로 이 두 형식의 이익을 결합할 수 있게 되었다.

그 명칭에서 알 수 있듯이 수치 제어 통제 기계는 계산기에 의해 통제되는 시스템으로 작업자의 속도 · 동작 · 행동, 이 모든 것이 프로그램화된 자동 기계에 의해 통제되는 시스템이다. 여기서는 프로그램의 조작 · 대치 · 수정 작업이 고난도의 기술을 요하는 작업이기에 시간 절약보다는 전문성을 갖춘 작업자를 확보하는 문제가 더 중요한 사안으로 인식된다. 이 수치 제어 통제 기계 시스템은 여전히 대량 생산과 다품종 생산의 효과 사이에서 최선의 효과를 찾지 못하고 있고, 컴퓨터의 유연성은 여전히 개발 단계에 머물러 있다.

이같은 극소전자 기술의 도입으로 프로그램 체계의 유연화가 이루어져 프로그램 지원의 조작이 용이해지고, 생산 규모의 직접 조절이 가능하게 되었다. 작업을 취소하고, 조종 장치를 추가하고, 운용 방식을 변환시키려면 원칙적으로는 키보드의 명령키를 누르기만 하면 되는 것이다. 이에 따라 수치 제어 통제 기계는 수치를 조정해서 맞추는 복잡한 과정을 거치지 않고도 다양한 형태의 부품을 연속적으로 제조하고, 동일한 한 개의 부품이나 여러 다른 부품들을 가공하는 일련의 복잡한 작업을 실행할 수 있는 '다양한 기하학' 도구로 변화되었다.

자동 생산 과정에서 도구를 교체할 때 여전히 시간의 손실을 가져온다는 문제점이 제기되었다. 이에 특화된(ad hoc) 프로그램으로 자동화된 도구 변환 장치를 추가한 이후 소모된 기계 교체나 동일한 부품 위에 다양한 모양을 넣는 데 사용하는 다른 형태로 된 도구의 교체가 자동적으로 이루어지게 된다. 이렇게 해서 **기계제조센터**(centre d'usinage)가 성립되는데, 이 기계제조센터가 한 사이클을 완성하면 기계는 작동을 멈추고 다음 기계의 부품이 바뀌어지는 것을 기다린다. 이러한 기계 시스템에서는 로봇이 소모된 부품을 떼어내고 새 부품들을 부착시키는 역할을 담당한다. 이 경우는 **유연 생산 작업장**(cellule flexible)에 해당되는 것으로, 이런 작업장 형태에서는 조직의 각 기계 장치——로봇 · 수치 제어 체계 · 설비 변환기——가 프로그램의 명령을 받는 방식으로 이루어진다.

이러한 유형의 작업장에서는 여러 부분의 기계가 결합된다는 조건에서 라인 생산 가동을 할 수 있다. 고전적 방식의 일관 조립 생산에서 자동 컨베이어벨트가 부품 운송을 담당했던 것처럼 유연 생산 작업장에서도 마찬가지로 여러 '작업대' 간의 연결이 보장되어야만 한다. 이와 함께 컴퓨터 시스템을 도입하여 전체 공정 체계의 통합과 조정이 보장됨으로써 **유연한 작업장 체계**(atelier flexible)가 도래하는 것이다.

이와 같이 유연 생산 작업장에서는 전체 공장 체계가 작업대간의 연결 생산보다는 작업장의 네트워크 시스템으로 가동한다는 것만 제외하고는 포디즘적 생산 라인을 통합한 자동화에 토대를 두고 있다. 다시 말하면 다양한 범주 내에서 다품종의 부품들을 동시에 생산해낼 수 있게 되는 것이고, 동시에 제조 작업장 사이의 다양한 과정을 수행할 수 있게 되는 것이다. 이렇게 자동화의 연속성은 조립 생산 라인에서 다른 생산 라인 방식으로의 전환에 의해 이루어진 것이 아니다. 여기서는 전통적인 작업장에서 행해지던 유연성을 보존하면서 기계를 조절하고 관리하는 노동력은 이론적으로 감소시키는 동시에, 노동 시간과 과정은 프로그램 안에 통합시키는 두 가지 방식으로 이루어진다.

제조 산업의 주요 도구로 사용될 정도로 보편화되어 있는 이러한 기술 시스템에서는 전문 생산 과정을 시행(일관 조립 생산 라인)하든지 다양한 생산 방식(전통적인 작업장)을 시행하는 것은 생산 라인 규모에 달려 있게 된다. 수치 제어 체계의 도입은 이 양자의 유연성을 가능케 해주어 일관 조립 생산 라인을 유연하게 조정해 주는 동시에, 이미 다양화된 생산 방식을 자동화 시스템으로 만드는 데 기여했다. 유연 생산이 이루어지면서 대량 생산에 따른 제약이 없어지게 되었고, 이것과 연결되어 한 가지를 선택하는 프로그래밍의 도입은 기계 설비를 바꾸지 않고도 상대적으로 다양한 제품에 대한 제조와 조립이 가능해지게 되었다. 이에 따라 자동차 조립 생산 과정에서도 다양한 모델과 품종의 자동차가 잇달아 출시되는 것을 볼 수 있다. 또한 생산 방식의 자동화가 이루어지면서 기계 조정 시간, 기계 관리 시간, 기계를 대체하는 시간, 작업대간의 운송 시간 등 불필요한 작업 정지 시간과 노동 시간의 단축을 가져왔다. 이같이 포드주의의 주요 원리에 해당되는 일정 부분은 설비 노동 시간의 흡수라는 소량 생산 라인 산업에 적용되고 있다.

위에서 언급된 기술적 자원 체계는 매우 이론적인 차원으로 도식화되어 있다. 기술 변화의 정도만큼 기술의 사용에 대한 예측은 가능하다. 기술적인 대상은 전혀 예기치 못한 장소에서 그 모습을 드러내는 미확인 비행 물체처럼 예측 불가능한 대상이 아니다. 따라서 기술의 발전은 경제적 · 책략적 목표에 의해 그 궁극적인 목적이 달성되고, 전략의 경제 조직은 컴퓨터의 발전과 수치 제어 체계의 발전에서 본질적인 역할을 한다.[24)]

게다가 기계 제조업의 장래성은 종종 지나치게 과장되어 있다. 대형 복합 기계 조직체의 실행은 여러 해에 걸친 전문 업종에 대한 실행과 완성을 요구하고, 필요에 따라 매우 완벽한 시스템을 중지할 수 있는 시스템의 유연한 조정을 필요로 한다. 노동사회학자들의 경험적 연구는 기술이 노동의 결정적 조직을 강제하지 않는다는 것을 확인시켜 준다. 이렇게 기계 프로그래밍의 본질적인 목적은 이론적으로 다음과 같이 세 가지 측면으로 정리할 수 있다.

—— 기계작동자는 기계를 만지지 않고도 기술자가 작성한 제조작업 프로그램을 실행시킨다.

—— 정보 통신과의 '상호 교류' 특성이 부분적으로 이용되는 것으로 작업자는 특정 프로그램을 조정 혹은 수정할 수 있다.

—— 전체적인 특징들이 활용되는 경우로 여기서는 작업자가 프로그램을 작성하는 작업자로 간주된다.

그러나 이 세 가지 가능성은 예외적인 현상으로 가공 제조 과정에서 나타나는 위험은 곳곳에서 분명하게 드러나고 있다. 또 다른 측면에서 보면 이러한 수직적 분업은 반드시 임의적으로 위계 조직을 보존하고자 하는 의도로 설명될 수 없다. 한 사람의 전문가에게 정확성이 요구되는 작업을 맡기는 것보다는 여러 작업자에게 작업을 배치하는 것이 종종 더 많은 비용이 드는 것으로 입증되기 때문이다.

---

24) Philipppe BRETON, 《정보처리 기술의 발전사 *Histoire de l'informatique*》, Paris, La Découverte, 1987.

또한 유연 생산 체계는 많은 비용이 들어가는 이 신기술들만을 요구하지 않는다. 일본의 자동차 산업의 경우에서 드러난 것처럼 유연 생산 체계는 기술적 계략과 예전의 관리 방식까지도 요구한다.

유연성 조직

1960년 도요타 자동차공장의 부사장을 역임한 다이시 오노는 일명 '오노주의(ohnisme)' 와 80년대 '일본식 모델' 의 성공을 결합한 새로운 방식의 조직 원리를 실행에 옮겼다. 팔리지 않은 자동차 재고량을 최소화하기 위해 도요타공장은 일종의 '주문 생산 방식' 을 운영하는 것에서 그 해결책을 찾았다. 즉 적기(just in time) 생산 방식 원리에 의거하여 필요한 시기에 필요한 양만큼의 물자를 생산해 내는 방식을 사용한 것이다. 따라서 이 방식은 물자의 공급량에 대한 완전한 관리 체제하에 차질 없이 줄곧 엄격한 시간 관리와 보다 유동적인 생산을 필요로 한다. 이 적기 생산 방식은 '끌어내기식의 물자 흐름 방식' [flux tendus; 필요한 물자를 정확한 시기에 공급하도록 각 부품 공정이나 부품업체에 미리 정보를 주어 이를 엄수하게 하는 방식]을 운영하는 것이다. 세계적인 주목을 받았던 이 생산 방식은 '무재고, 물자 조달 날짜의 엄수, 무고장, 무하자, 무서류' 등 다섯 가지의 원리에 그 토대를 두고 있다.

생산 이전에 자동차를 판다는 것은 본질적으로 완성 재고품을 제로로 감소시킬 수 있는 근본적인 방식이다. 그러나 고객의 입장에서 보면 생산 기간은 결코 짧지만은 않다. 중간 재고품과 저해 요인을 축소하기 위해서는 간판(kan-ban) 방식을 이용한 끌어내기식 물자 공급 조정 시스템을 조직화한다. 따라서 이같은 끌어내기식의 물자 흐름 방식에서는 생산 공정 완성, 자동차 조립 시기는 전체 생산 공정의 속도를 결정하게 되는 것이다. 이를 위해서는 매우 단순한 정보 전달 시스템이 도입되어야 한다. 각 부서는 필요한 물자 공급에 대해 정확하게 얼마만큼의 부품을 생산해야 하는 것에 관한 지시 사항이 입력된 카드 기록기인 '간판' 을 전달받는다. 이런 시스템에서는 서류 절차를 완전히 제로 수준으로 격감시킬 수는 없다. 즉 간판 방식은 생산 방침을 완전히 바꾼 것은 아니고, 공급량 방식을 수정한 것이라 할 수 있다. 일찍이 미국 회사들은 슈퍼마켓 방식에 따른 '주문' 생산 방식인 재고 관리 원리를 채택했다.

더욱 유연한 생산 방식에 적합한 것으로 소개된 이러한 간판 방식은 동시에 여러 가지 형태의 유연 생산 방식과 결합되어 이루어져야 한다.[25] 물자 공급의 지연을 막기 위해서는 물품의 하자와 기계 고장, 긴 시간을 요하는 기계를 즉시 작동되는 체계로 바꾸어야 한다. 이러한 합리화 체계는 '비생산적인' 시간에서와 같은 생산 과정에 적용된다. 이렇게 공구 세트의 신속한 교체 방식인 SMED(Single Minute Change Die) 방식은 기계 설비 시간을 최소화하는 데 목적을 둔 처리 방식 전체를 포함한다. 이 방식의 목적은 사이클 동안에 기계 작동이 멈추는 데 드는 최대한의 노동을 효과적인 노동으로 변환시키는 데 그 목적이 있다. 기계의 조정, 부품과 기계의 고정, 부착, 떼어내는 과정 부분은 이렇게 '드러나지 않는 작업 시간' 에서 실행되는 것이다. 마찬가지로 **집단 기술**(technologie de groupe)은 매우 엄격한 방식의 전문 설비 지식이 없이도 기계 조정 시간을 단축시키는 데 기여했다. 자동 기계는 형태와 크기가 유사한 부품들을 가공하기 위해 설치되었다. 이같은 생산 형식은 전통 설비와 함께 빠른 속도로 생산의 다양성을 실현하였다.

수많은 기술-조직의 혁신은 테일러식 과정에 직접적인 연장선 안

---

25) Shigeo SHINGO, 《생산 통제와 간판 방식 *Maîtrise de la production et méthode kan-ban*》, Paris, Les Éditions d'Organisation, 1983.

에 있으면서 동시에 포드주의의 표준화된 대량 생산 체제를 계속 활용하고 있다. 예를 들면 표준화된 부품의 대량 생산 체제를 도입한 이후부터 다양한 모델의 자동차를 생산해 낼 수 있게 되었다. 결국 표준화된 부품들의 조립 생산은 다양한 품종의 제품 생산을 가능케 한다. 이러한 책략은 자동차 부문에서만 한정되지 않고, '부품 세트'로 판매하는 가구 부품의 생산은 이러한 생산 과정의 장점을 활용한 방식이며, 더 나아가 조립하는 과정은 고객의 임무로 돌아가 조립 과정 작업을 절약하는 효과도 지니고 있다.

노동의 유연성

간판 방식의 실행은 다양한 경제적 · 사회적 사건 안에서 그 기원을 찾을 수 있다. 1949년 재정적 위기에 부딪친 도요타 자동차공장은 1천6백 명에 이르는 노동자를 해고하는 구조 조정을 단행하면서 대대적인 파업에 돌입하게 되었다.[26] 도요타공장의 위기 국면은 한국 전쟁의 발발로 회복지세로 돌아서는 기회를 마련한다. 한국 전쟁으로 주문이 쇄도하게 되면서 도요타공장은 50년대에 물자의 흐름을 끌어내기 방식으로 운영하는 재고 관리 시스템을 채택하기로 결정했다. 이에 따라 예전의 자동차공장 노조가 해체되고 사용자의 이익을 위하여 행동하는 '어용조합'으로 전환했다. 1962년부터 도요타공장은 간판 원리에 따라 운영하는 방식을 채택하고, 70년대에 들어와서는 이 간판 체제를 부품 공급업체와 하청업체에도 확장시켰다.

프랑스와 마찬가지로 일본에서도 직접적이건 간접적이건 생산 활동 인구의 약 10퍼센트가 자동차산업에 종사하고 있다. 따라서 포드

---

26) Benjamin CORIAT, 《뒤집어 생각하기 *Penser à l'envers*》, Paris, Christian Bourgois, 1991.

모델처럼 '도요타' 모델은 한 기업의 영역을 넘어서 활동 영역으로까지 인지되고 있다. 그러나 일본의 '기적'은 일본의 생산적 · 사회적 체계의 굳건한 결속으로 입증된 결과이다. 즉 노조 활동의 해체, 회사에 대한 직원들의 애사심, 소외된 노동자의 활용, 과도한 노동 시간은 서구회사에서 자리잡아 가고 있는 유사한 경향과는 별개로 독자적인 조치를 사용한 것이라 할 수 있다.

노동의 유연성은 이러한 특성 이외에도 생산성을 향상시키는 것으로 가장 널리 전파된 방식이다. 이 방식은 또한 기술적인 선택과는 별개로 현재 이루어지고 있는 고용 제도의 가장 특징적인 형태를 나타내기도 한다. 실제로 끌어내기식의 물자 흐름 방식의 운영은 재고가 쌓이는 것을 방지하거나 제조 과정중의 제품을 감소시키는 것을 그 목적으로 하면서 특히 인력의 과잉을 제거하기 위한 목적을 두고 있다. 특정 부서에 재고나 초과 생산이 있다는 것은 노동을 합리화할 필요성이 있거나 인력을 감소시킬 필요가 있는 것을 의미하는 것이다. 다음에 열거한 세 가지 형태의 노동의 유연성 실행은 직접적으로 인적 자원의 효율적인 관리에 기여했다.

—— **직원수 혹은 노동 시간**에 관한 실행: 추가 노동 시간, 연속적인 팀 작업, 주말 작업, 계약직 노동자, 연수생, 임시직 노동자, 계절 노동자, 해고-재임용의 교대 방식, 부분적인 실업, 하청.

—— **임금**에 관한 실행: 기업의 성과, 혹은 개인 실적에 따른 임금 체계.

—— **노동 조직**, 즉 본질적으로 다양한 다능공화에 관한 실행: 체계적인 참여 과정의 특징을 보여 주는 것으로 예전에 실행했던 작업 부서와 업무의 배치 경험에 의존한다.

예를 들어 **전체 품질 관리**(qualité totale) 이론은 우선 직무 풍요 관점에 따라 직원에게 작업 시간을 절약하는 동기화를 부여하는 데 주안점을 두었다. 이 이론의 주요 논점은 '문제가 발생하기 전에 미리 그것을 예견하는 것'에 우선을 두는 것으로 기계 작동의 중지, 불량 제품의 발생, 기계 고장을 막는 것에 그 중요성을 부각시키는 이론이다. 이 이론의 구체적인 적용은 품질관리조와 지원 부서의 작업을 통합하여 생산 업무를 풍요롭게 하는 데 있다. 이렇게 '기계 수리 작업자'의 새로운 단면은 수치 제어 공작 기계를 조종하고, 기계 고장이 발생하지 않도록 미리 대비하는 능력을 갖추어야 하는 것이다.

마찬가지로 '반자율적' 집단의 이점과 적기 생산(just in time) 방식을 결합시킨 지방 분권 생산 형식은 1985년 벨기에의 캐터필러 지사에서 체계적으로 발전되기 시작하였다. 이 생산 형식은 각 공장에 지방분권화 단위로 연결되는 '정보 전달' 네트워크를 재조직하여 각 공장에 제품의 책임을 부여해서 거의 '소기업' 체계로 운영하는 것이다. 간판 방식으로 생산 전체의 통합은 가능해졌고, 작업자의 다능공화는 각 공장에 적합하게 운영되었다. 공장 이외의 지점에서는 간판 방식과 품질 규범을 엄격하게 적용하여 하청 업체와 공장은 밀접한 조직망을 통해서 연결시켰다. 그리고 제품 생산 기간을 감축시키기 위해서는 외국의 부품 공급업체들을 국내의 지방회사로 대체하는 동시에 생산 작업과 부가 활동으로 들어가는 많은 부분들은 외주 업체에 일임하는 방식으로 운영하였다. 어느것에도 예외를 두지 않고 중심축을 따라 하청 업체와 소외된 노동자들이 구성된 형식으로 '일장기 나라의 회사'에서 실행된 이러한 조직 방식은 기술의 현대화가 부재한 상황에서조차도 널리 퍼져 있는 방식이다. 산업의 후퇴 부분은 실제로 부수적인 영역의 작업을 제3차 산업 분야로 전환시키지 못한 데서 그 책임을 지울 수 있다. 그러나 이처럼 노동의 유연한 방식의 채택은 인력의 착취 전략[27](예로 동유럽 제국으로 향한 인력)이나 지방색 전략, 혹은 한 지점의 단순한 폐업(1997년 르노-빌보르드공장의 경우) 전략으로 변질될 수 있는 가능성 또한 배제할 수 없다.

이러한 세 가지 생산 체계 형식[28]――대량 생산, 소량 혹은 중간치 생산과 공정 산업——간의 전형적인 차이점은 예전의 조직 자원과 완전히 단절시키지 않고도 이후로 완화되는 경향을 보이고 있다. 이러한 사실은 테일러주의에 입각한 전통적인 작업장과 포드식 일관 조립 생산 체계를 동시에 유연한 자동화 체계로 이용될 수 있다는 것을 의미하는 것이기도 하다. 그러나 이렇게 되기 위해서는 공정 자동화 실험으로 얻은 방식에 의거하여 다능공화와 하청 간의 결합이 이루어져야 한다. 이같은 형식은 노동자의 범주에 차등을 두어 재형성한 노동 시장에서 임금 노동자의 유연성을 확장시키는 데 기여했다.(제IV장 참조)

---

27) 책략적이고 역동적인 선택에 대해서는 Bernard GAZIER, 《인적 자원의 전략 *Les Stratégies de ressources humaines*》을 참조할 것, Paris, La Découverte, 1993.

28) Joan WOODWARD는 이를 《산업 조직 구조 *Industrial Organization*》 유형으로 보았다: 《이론과 실행 *Theory and Practice*》, Oxford, Oxford University Press, 1965.

III 자격 제도

시인 프레베르는 '피리새처럼 명랑하다' 라는 표현이 어디에서 연유했는가에 의문을 가졌다. 무엇보다도 피리새는 실제로 명랑하지 않다. 정확히 말하면 명랑하지도, 그렇다고 침울하지도 않은 새다. 시인은 계속해서 이 새의 이름이 실지로 '피리새' 가 아니라 사람들이 그 이름을 지어 주기로 한 것이라는 주장을 펼쳤다. 따라서 이 새의 수식어가 새의 성질을 나타내는 게 아니라면 결국 그것은 인간에 대한 실제적인 영향을 제시하는 것이다.

인간이면 누구나 연령 · 성 · 종교 · 호적 혹은 사회적 가치로 본 다양한 직책에 따라 분류되는 것을 피할 수 없다. 터키의 국력, 공무원의 정신, 젊은 고위 관리층의 활력, 여성의 직관력 같은 부류로 나누어진 명칭은 피리새의 명랑함과 마찬가지로 논의의 대상이 되는 것들이다. 임금 노동자나 그 대표들은 정확하게 자신의 에너지 거의 대부분을 다른 사람들과 구별되는 특징과 인구의 다른 구성원으로 충당하는 특징에 대해 고용주와 논쟁을 하고 권리를 주장하며 협상하는 데 할애한다.

1. 공약수

자격 원리와 임금 구조 사이에는 밀접한 연관성이 있다. 실제로 임금 제도는 노동자의 자격으로 차등화되는 노동자들간의 공통점을 나타낸다. 따라서 노동 인구가 확대되는 부분에 있어서 공기업이나 사기업에 고용되어 있는 '임금 노동자' 들은 동일한 위치를 공유하는 경향을 나타내는 것이다.(제I장과 제IV장 참조) 그렇다고 해서 노동의 가치가 동일해지는 것은 아니다. 다시 말하면 모든 노동이 동일한 임금을 받을 '자격을 지니고 있는 것은' 아니라는 것이다. 노동자들을 구별하는 범주의 이름은 임금의 차등과 수준을 증명하는 데 사용된다.

임금의 분류는 필연적으로 임의적인 부분을 포함하고 사회적 지위를 결정짓는 요인이 된다. 따라서 '비숙련공' 은 분명 자질이 없는 사람이라는 것을 의미하지는 않지만 원칙적으로는 임금 분류 기준에 비춰 보면 '숙련공' 의 위치에서 일하는 작업자보다는 낮은 수준의 임금을 받게 되는 것이다.

동시에 노동자의 자격은 노동자와 노동의 범주와의 관계를 따져 이러한 임금 분류 과정과 그 결과를 지시한다.

직업 목록의 역사[1]

프랑스에서 채택된 사회 직업 범주의 통계학은 오랜 역사를 거친 산물로 직종 · 생산 관계 · 자격 등 다양한 분류 원리가 교대되는 과정을 거쳤다.

산업화와 프롤레타리아 계층의 출현과 길드 조직의 폐지(1791년)에도 불구하고 **수공업직**(métier)은 여전히 19세기 내내 기본적인 기준 역할을 담당했다. 1800년에는 지역별로 구성된 목록을 기술 습득으로 획득한 숙련을 통해 장인이 얻어들이는 모든 소득 활동을 동일한

---

1) Alain DESROSIÈRES, Laurent THÉVENOT, 《사회 직업 범주 *Les Catégories socioprofessionnelles*》, Paris, La Découverte, 1988.

범주 안에 재구성하는 작업이 이루어졌다. 위의 분류는 주인의 지위도 손으로 하는 활동과 지적 활동 간의 구별도 아무런 상관 관계가 없는 것처럼 보인다. 즉 주인이나 단순 직인 · 장인 · 상인 혹은 '자유 직업 종사자' (의사와 법조인)는 이렇게 같은 항목 안에 들어가 있다. 또한 지주 · 공직자 · 고위층 · 하인 혹은 걸인들은 세 가지 다른 범주에 포함시켰다. 가족으로부터 세습된 지식과 재산, 앙시앵 레짐의 특징은 따라서 사회층을 이루고 있는 주요 인자로 존속하게 된다. 이렇게 19세기 후반 각각의 가정에 연결된 직업은 인구 조사의 토대를 이루었다. 가족 단위(실제적으로 가족의 시중과 봉사하는 일로 연결된 하인들을 포함해서)는 개인이 생계를 이어가기 위해 종사했던 직종에 따라 나누어졌다.

19세기말은 **임금 제도**의 특징적인 구분의 윤곽이 서서히 잡혀 가는 시기로 고용주 · 사무원과 노동자 간의 구별은 여러 가지 직업 영역에 중첩되었다. 또한 이 시기에는 자본주의의 막대한 시도의 발전과 노동권의 보장이 이루어졌을 뿐 아니라 동시에 상업적 생산 · 하청 · 가내수공업의 전통적인 형식이 공존했다. 소규모 수공업의 주인들 · 상인들 · 농부들, 직접 작업을 하는 노동자들은 '개별적인' 범주로서의 혼합된 범주 안에 공존했다.

1936년부터 노동자의 자격에 대한 논리, 즉 공적 · 사적 영역에서 직업 양성 과정과 형태에 따라 **임금 노동자의 위계 조직**이 자리잡아 갔다. 인민전선(Front populaire)의 뒤를 이어 활동 분야를 통한 집단 임금 교섭 합의의 실행이 일반화되었다. 이에 따라 고용주와 노조는 작업 부류와 작업자 부류 간의 대등한 시스템으로 규격화되었다. 손으로 하는 가장 단순한 작업은 '비숙련공' 이나 '자격을 갖추지 못한 하급공' 에게 맡겨졌고, 고난도의 복잡한 기술을 요하는 작업은 '숙련공' 에게 맡겨졌다. 제2차 세계대전이 끝난 후에 표준 고용도표는 당시 노동부 장관의 이름을 따 명명한 '패러디(Parodi)' 의 분류법을 공식화했다.

이 시기에는 50명 이상의 종업원을 고용하고 있는 회사 안에 구성된 경영위원회는 직원을 노동자, 사무직원-기술공-현장 감독(ETAM), 고위 관리자 등 세 가지 구성 요소로 구분하는 것을 강화했다. 마찬가지로 공무원 집단은 자격증에 따라 엄격하게 규정된 네 가지 범주의 규격화된 서열 지위로 정해졌다.

1954년부터는 **사회 직업 분류** 방식의 발전이 이루어졌지만, 그 혼합된 구조는 여전히 예전 방식의 흔적을 보유하고 있다. 농업을 제외한 전통적으로 장인 직종에 연결된 모든 활동 영역은 이후로는 더 이상 인구 분포에 포함시키지 않은 대신 회사 분포 안에 재배치되었다. 이에 따라 주인과 직인 간에 유지되어 온 친화력을 밀어내고 고용주와 임금 노동자 간의 대립으로 대체되었다. 장인과 상인은 기업주와 같은 집단에 소속되었고, 자유 직업 종사자들은 고위 임원 집단과 같은 수준을 이루었다. 따라서 임금 노동자의 분포는 손으로 하는 작업(노동자)과 머리를 써서 하는 작업(사무직원 · 임원) 간의 대립과 지위나 자격의 서열로 이루어진 두 가지 주요 축으로 구성되었다. 또한 공적 영역과 사적 영역간에 이루어지던 구분은 고위 관리층과 일반 사무직원 간의 구별로 이루어졌다.

이처럼 직업 영역의 통계 분류가 뒤늦게 자격 기준을 반영하고 준거틀로 사용되고 있지만, 그렇다고 해서 자격 부여 과정이 기계적으로 이루어지는 것은 아니다.

양성-고용 관계

이처럼 습득한 능력에 대한 기준은 앙시앵 레짐과 관련하여 하나의 단절을 나타내지는 않는다. 실제로 길드는 동일한 작업장에서 전개되는 도제 훈련을 통제하는 것에 대한 권한을 행사했다. 오늘날에와서는 독립적인 활동의 훈련, 특히 자유 직업은 때로 임금 노동직보다 더 엄격하게 자격증 취득의 의무감이 제시된다. 이처럼 훈련과 고용의 분리는 임금 제도의 당연한 결과이다. 실제로 고용주들은 경쟁에 밀려 도태될 소지가 있는 직원을 양성하는 투자에는 관심이 없다. 최초로 이루어지는 직원 양성이 기업 외부에서 이루어지는 순간부터 회사는 직원을 훈련시키는 데 드는 비용을 절약할 수 있게 된다. 또한 국가의 통제 아래 공식 교육 기관에서 담당한 취학의 의무는 다양한 능력들이 전적으로 승인되었다는 일정한 정도의 보장을 부여한다.

따라서 자격증명서로 도입된 혁신은 공식적으로 승인된 자격증 규범을 고려한 차원에 따라 명백하게 다양한 직종들을 체계화하려는 시도에 있다. 실제로 **자격증**(diplôme)은 단순 서열 등급을 형성하는 데 있어서 우수한 후보자의 조건이 된다. 사람에 따라 다양한 기간으로 이루어진 학교 교육 과정은 모든 사람을 구분하는 목표를 지니고 있다. 작업장 밖에서 이루어지는 양성 교육은 특수 직종의 훈련과는 별개로 고용과 재결합 관계에 있다. 그러나 양성과 고용의 결합은 제한적이고 불안정한 상태로 남아 있다. 노동자에게 있어서 자격증은 전문직의 종사를 보장해 주지도 않고, 그렇다고 해서 고용안정성을 보장해 주는 것도 아니기 때문이다. 따라서 자격증은 필요 조건이지만 충분 조건은 아니다. 고용주에게 있어서 이러한 자격증은 동시에 자원과 구속의 의미를 지닌다. '특수' 양성 과정조차 결코 '필요에 맞게 만든' 것이 아니다. 특정 부서를 겨냥해 거기에 적합하게 맞춘 교육은 시대의 변화에 대응하지 못할 위험성이 있는 것이다. 따라서 고용주들이 양성 훈련에 대해 긍정적인 면보다는 규칙적으로 결핍과 불충분함을 강조하는 것은 당연한 논리라 할 수 있다. 이같은 논증은 동시에 노동자의 임금 요구에 압력을 가할 수 있는 요소가 되기도 한다.

경제 위기 시대에 인력 자원은 기업에게 일자리에 대한 요구를 증가시키는 요인이 될 수 있다. 일정한 직종에 연결된 훈련 수준이 강화되는 경향이 있을 것이고, 동시에 실업의 위협은 젊은이들이 좀더 일찍 노동 시장에 뛰어드는 것을 주저하게 하면서 학업 연장 쪽으로 몰아갈 수도 있다. 또한 자격증명서의 구조가 상대적으로 여전히 원 상태를 유지하고 있는 반면에, 경제 활동 인구의 교육 수준이 점증적으로 높아지는 것은 당연한 귀결이 된다.[2)]

이러한 상황에서 양성-고용이라는 '유례 없는' 관계는 반드시 언급되어야 할 문제인 것이다.[3)]

2. 업무의 자격 기준을 부여하는 것인가, 혹은 노동자에게 자격을 부여하는 것인가?

경제 활동 인구 구조는 노동자의 분류에 교육 기준을 포함시키고 있다는 것을 보여 준다. 그러나 노동 시장의 역학 구조는 노동자의 자격 부여가 증명서로 결정되는 것(déterminée)이 아니라는 것을 드러낸다. 실제로 노동자의 자격은 그 자체로서 개인의 학력차 같은 다른 분류 사항을 통합하는 분류의 도구가 된다. 따라서 여기서는 노동자를 구분하는 이 모든 분류 체계를 일직선 단계로 결합시킬 수 있는 방법을 모색하고자 한다.

자격 획득의 과정

단순 고용 공급은 이러한 노동자 분류 체계 결합의 '역설적인 면'

---

2) Mateo ALALUF, 《노동의 시대 *Le temps du labeur*》, *op. cit.*

3) Lucie TANGUY(éd.), 《양성/고용의 유례 없는 관계 *L'Introuvable relation formation/emploi*》《프랑스에서의 연구보고서 *Un état des recherches en France*》, Paris, La Documentation Française, 1986.

을 나타낸다.[4] 실제로 이러한 형식의 공고는 크게 두 가지 범주——후보 자질의 기대치 · 자격증 · 업무 지식 · 경험과 같은 범주와 직무의 특징 범주——를 결합하기 때문이다.

직업을 구하거나 승진하려는 시기에 노동 공급자와 수요자는 노동 조건과 임금 조건에 관해 합의를 이루기 위해서 직무가 필요로 하는 자질과 획득한 자격에 대해 상호적으로 요구 조건이 충족되어야 한다. 이같은 두 개의 자격 양상, 즉 종사하고 있는 직무의 특성과 개인의 자질은 지식 · 경험 · 책임감 · 능력 · 체력 · 인품 · 기업 내의 직책 등 상이한 항목을 포함하고, 이러한 항목들은 선험적으로(*a priori*) 일치될 수 있는 어떤 논리도 지니지 않게 된다.

이렇게 일치되지 않는 속성과 기준의 대립 결과는 예를 들어 OQ2-선반공 노동자에게 부여된 하나의 명칭이 자격과 임금 단계에 따라 정해진 일정한 위치를 요약한 것이다. 따라서 지원자의 자질은 자격증 같은 외적 기준과 이력서 · 채용 시험 같은 부가 기준 증명서로 평가된다. 직무의 특징은 자격증을 요구하는 것 같은 외적 규범에 직접적으로 예속되지 않는다. 지점이나 지역 차원에서 단체 교섭이 존재할 때 이때의 교섭은 형식적인 범위의 적용을 다양하게 규정한다.

인사 관리 책임자는 작업 부서의 '자격 기준을 정하고' 기업에 적합한 임금 체계를 합리적으로 확립하기 위해 작업 부서나 직무 평가 기술——예를 들면 직무 평가 체계(Job Evaluation)를 형성한다. 이같이 업무 형태를 비교하여 형성한 분류 이외에도 가장 일반화되어 있는 평가 체계는 1927년 미국에서 설정되어 1950년대 프랑스에서 널리 적용된 바 있는 헤이 체계(système Hay)에 비해 질적으로 조금 떨

---

4) Pierre TRIPIER, 《노동에서 고용으로 *Du travail à l'emploi*》《패러다임, 이데올로기, 상호 교류 *Paradigmes, idéologies et interactions*》, Bruxelles, éd. de l'Université de Bruxelles, 1991, p.123.

어지는 분석 과정을 채택한다. 그 명칭에서 잘 드러나 있듯이 여러 사항을 통한 직무 평가 인자 방식은 각 직무 상호간의 비교에 의하여 상대 가치를 결정해 내용이 확정된 각 직무의 등급을 정하는 것으로 이루어진다. 이 인자들의 가치에 대한 균형잡힌 총계는 작업 부서나 직무에 대한 전체 평가 체계를 나타내는 것이고, 이 분석에 의해 직무와 임금 간의 비율이 형성된다. 임금 비율은 일반적으로 최저임금과 최대임금 사이 임금 격차의 변동폭(때로는 2배 정도의 차이가 남)이 있을 것을 예상하고 조종할 수 있는 여지를 고려해서 정해진다.

예를 들면 여러 제련소는 스물한 가지 기준에 토대를 두어 다음과 같이 다섯 가지 평가 요인으로 구성한 평가 방식을 채택했다.[5]

—— 작업 성격(대량 생산 혹은 개수 생산, 생산 사이클 기간, 부품의 다양성과 복잡성, 여러 기계의 조정).

—— 작업에 대한 지식, 주의, 고찰(조절, 생산 계획의 참조, 기구와 기준 도구의 사용 등).

—— 정확성과 수작업의 숙련도.

—— 손실을 일으킬 수 있는 위험도, 책임감.

—— 노동의 강도와 실행 조건.

작업자의 적성 기준에 대한 일반적인 척도(앞의 세 가지 요인)와 책임감의 척도(네번째 요인)는 전체 직무 가치의 80퍼센트 이상을 차지한다. 실제로 직무에 대한 분석은 상당 부분 주관적으로 이루어지는 작업자의 자질에 대한 평가에 의존한다. 작업자의 자질에 대한 평가가 기록된 단계부터 직무 분석은 논의중인 기업 내 사전의 작업 배치, 직무 수행 능력의 종류와 정도 직무급 같은 서열 요소를 함유하

5) Jean-Claude RABIER, 《노동사회학 입문서 *Introduction à la sociologie du travail*》, *op. cit.*, p.109-111: Mireille DADOY, 〈업무 자격 평가 체계: 실행과 이데올로기 Systèmes d'évaluation de la qualification du travail: pratique et idéologie〉, 《노동사회학 *Sociologie du travail*》, 1973, 2: 115-185.

고 있다.

그러나 이렇게 직무 평가를 체계화하려는 시도는 부분적으로 조금이라도 임금 고정 양식을 통제할 수 있는 명백한 요소를 소유하게 해달라는 노동자 단체의 지속적인 요구에 부응하기 위해서다. 미국에서는 직무 평가제가 활동 지역에 따라 단체 지표를 부여한 것에 반해, 프랑스에서는 일반적으로 기업 단위로 이루어졌다. 전문가에 의해 구상되고, 인사 감독에 의해 개정 · 수정된 평가 도구는 종종 주요 관계자들에 의해 무시되는 상황이 발생하기도 한다. 그 결과 지역 노조와 합의를 해서 정했건 합의 없이 독단적으로 정했건 '회사의 자격 제도' 시스템은 특수 자격을 보유하는 경향과 '내수' 노동 시장에서 임금 노동자의 유동성을 제한하는 경향과 임금을 개별화하는 경향으로 나타난다.

자격이 인식되는 과정의 상황은 노동력에 일치되는 가치를 드러내기는 하지만, 그렇다고 해서 그 상황이 자격의 가치를 결정짓는 것이라고 주장할 수는 없다. 계속해서 노동력의 실행을 최상의 가치로 삼는 것은, 더 이상 쇠를 벼리는 작업을 하지 않는데도 공식적으로는 철물공의 직함을 가지게 되는 것과 같은 이치라 할 수 있다. 즉 철물공은 철공소에서 어떤 직무를 행하기 위한(pour) 자격을 갖춘 것이지, 그 직무를 행하기 때문에(parce que) 철물공이 되는 게 아닌 것이다. 결국은 자격을 갖춘 것은 작업이 아니라 작업자가 되는 것이다. 노동 공급자는 자신의 자질이 직무가 필요로 하는 요구 사항에 부합된다는 것을 증명하기만 하면 된다. 이러한 거래 종류를 통해 자격 부여 양상이 국부적으로 형성되어 나가는 것이다. 그러나 이 거래의 효과는 노동 시장의 조건에 의해 제한된다.

노동자들은 자신들의 능력이 과소평가되거나 손상되는 것에 굉장히 민감한 반응을 나타낸다. 이같은 민감성은 요구하는 행위의 동력이 되기도 한다. 이러한 시도는 작업장 내에서 노동자의 다기능화 형식을 더 가치 있게 해줄 수 있는가? 예를 들면 다른 제조작업자들은 어떤 관리 업무에서도 일을 완수할 수 있다는 능력을 보여 주려고 애쓰게 된다. 여러 상황이 작업자에게 유리하게 작용하고 작업자의 동원이 주요해지는 상황에서, 노동자는 그 효용성이 명백해지고 거래될 수 있을 때까지 이러한 다기능을 보유하고 있다는 사실을 드러내지 않는 책략을 쓸 것이다. 이처럼 노동자들의 '자질'은 노동자들의 가치를 높이는 대상이 될 수 있는 것이다. 따라서 구체적으로 노동자의 자격은 '실제적인 능력'을 시험할 수 있는 도구가 되는 동시에, 그 진가를 인정받지 못하거나 과소평가된 능력은 주요 관계자들이나 관찰자에 의해 '자격을 갖추지 못한 자(déqualification)'로 판단될 수 있는 지표가 될 수 있다. 연구자와 마찬가지로 당사자에게 있어서도 마치 '관례적인' 자격을 요하는 작업보다 실제적으로 성취감을 이룰 수 있는 작업에 종사하고 싶은 마음은 더할나위없이 크다는 것을 뒷장에서 살펴보기로 하겠다. 이러한 추론은 자격을 노동 특질의 직무(fonction)처럼 간주하는 것이다. 본래 자격은 관례적인 규정으로 자질 전체를 표현하는 데 그 목적을 두지 않기 때문이다. 이같은 관례는 효과면에 있어서 그것이 지시하거나 은폐하는 능력과 마찬가지로 실질적인 면을 나타낸다.

인정된 자질은 그 효용성과 희소 가치 혹은 전문화 단계에서만 그 중요성을 가지기 때문에 개인적인 자질면에서는 여전히 상대적이고 필연적이다. 이같은 사실은 한정된 맥락 안에 개인적인 작업의 기준을 통해서 노동자의 자질이 검증된다는 것을 일컫는 것이다. 걷고 전화를 사용하고 어떤 사람을 알아보는 것은 자동적으로 형성되기 어려운 기능에 호소하는 행위들인 것은 분명하지만, 이러한 행위들은 아주 널리 알려진 일상화된 능력들로 직업을 구하기 위해 실제적으로 이러한 것들에 가치를 부여하지는 않는다.

근본적인 논쟁

사회학자는 노동자들의 증언에 따른 작업 주위로 조직되는 관계들을 해석하는 것에서 만족하지 않고, 작업자들의 구상과 실행이 기업 범위를 넘어서서 이익 관계와 힘의 관계에 의해 특징지어진다는 것을 증명하려고 한다. 어떤 가치가 노동 양상으로 인정되어 가는 상황은 노동자의 자격 구조의 총체를 변경시키거나 다시 제시되게 하는데 기여한다. 그러나 이같은 개개 상황은 동시에 유사하거나 상이한 작업을 같은 시기에 실행하는 자격 영역 구조에 의해 조건지어진다.

노동사회학에서 자격의 개념은 가장 모호하고 가장 많은 논란을 일으키는 개념 중의 하나이기도 하다.[6] 이러한 논쟁이 이루어지는 그 시발점에는 다음의 두 가지 난점이 계속해서 부각되는 것을 알 수 있다.

—— 과학적으로 자격 요건을 노동의 특성에 근거를 두려고 하는 시도.

—— 현실정에 맞게 자격의 변형을 평가하려는 시도.

이 두 가지 어려움은 사회과학의 일반적인 문제점으로, 가치 판단을 포함한 다양한 현상들에 객관적으로 접근할 수 있는 방법에 대한 문제를 드러내는 것이기도 하다. 즉 어떤 작업이 다른 작업보다 복잡하다는 것을 결정할 수 있는 기준, 단순 작업에 비해 고난도의 작업이라고 규정할 수 있는 형식상의 문제에 직면하게 되는 것이다. 이러한 문제는 이미 마르크스에 의해 사회적 목적과 이론적 목적으로 제

---

6) COMMISSARIAT GÉNÉRAL DU PLAN, 《노동의 자격: 무엇에 대해 말하는가? *Le Qialification du travail: de quoi parle-t-on*》 Paris, La Documentation française, 1978.

시된 바 있다.

여기서 프랑스 노동사회학 창시자들이 제시한 여러 이론을 살펴보면서 자격에 대한 다양한 접근 방식을 배치해 보고자 한다.

《노동사회학 개론》[7]의 공저자인 G. 프리드만과 P. 나빌은 종종 같은 학파에 속해 있는 것으로 소개되지만, 이 두 사람은 노동이나 노동자로 규정할 수 있는 지식의 문제에 대한 명백한 견해 차이를 드러내었다.

나빌은 '노동자격론'에서 제목과 달리 자격을 좌우하는 것은 사람이지 작업 업무가 아니라고 평가했다.[8] 여기서 나빌은 파리 노동자의 직업 훈련과 고용에 관한 통계 자료를 비교하면서 노동자의 양성 기간이 노동 특성의 평가 기준을 구성한다는 결론에 도달했다. 1956년 프리드만은 '세분화된 노동'에서 자격에 대한 분석에 집중하고 있다는 것을 주장했다.[9] 2년 후에는 J.-D. 레이노와 함께 공동 저술한 거비치의 《사회학 개론》에서 프리드만은 자신의 주장을 좀더 확고히 피력했다.[10]

프리드만과 레이노는 나빌처럼 자격의 좋은 기준으로 임금이 구성되는 게 아니라는 것을 인정했다. 즉 보수가 자격에 따른 갈등에 개입하는 것은 분명하지만 자격 분류표와 임금 영역 사이의 관계는 체계적이지 못하다는 것을 주장했다. 프리드만과 레이노는 직업 훈련 기간이 자격 평가자에게 있어서는 단순하고 유용한 매개변수가 되지

---

7) *Op. cit.*, 1962.

8) Pierre NAVILLE, 《노동자격론 *Essai sur la qualification du travail*》, Paris, Marcel Rivière, 1956.

9) Georges FRIEDMANN, 《세분화된 노동 *Le Travail en miettes*》, *op. cit.*

10) Georges FRIEDMANN, Jean-Daniel REYNAUD, 《생산과 노동 기술의 사회학 *Sociologie des techniques de production et du travail*》, in Georges GURVITCH (éd.), 《사회학 개론 *Traité de sociologie*》, t. 1, Paris, PUF, 1958, p.441-458.

만, 사회학자에게는 적합하지 않은 변수라고 보았다. 이들에 따르면 교육 과정 시기는 '동일한 분량'도 항상 '결정적인' 변수도 아닌 것이다. 따라서 모든 습득 과정은 종사하고자 하는 작업에 익숙해지기, 입문, 숙련 과정 등 우선 질적으로 다양한 시간에 연관되게 하는 것이다. 또한 이들은 직무 훈련을 통해 요구된 자질은 기술적인 양성 과정으로 축소될 수 없다는 것을 덧붙였다.

노동자들을 분류할 수 있는 다양한 공유물이 결여된 상태에서 이들 두 사람은 노동 자체에서부터 그 자격을 파악할 것을 제안하면서 다음과 같이 주장했다. "자격은 더 이상 사람에게 속한 게 아니고, 그것은 직무에 속하게 된다. (…) 따라서 노동자의 분류에 대해서가 아니라 업무 분류에 대해서 말해야 한다."[11]

결론적으로 프리드만과 레이노는 자격을 네 가지 '요소'로 분류할 것을 제안했다.

— 기술적인 능력('일반적인 교육 과정, 기술자 양성 과정, 훈련 과정으로 구별한다는 조건에서' 일반적으로 교육받은 시간으로 측정이 가능함).

— 다양한 위신 영역 안에서의 위치.

— '요구된 자질'(타고난 능력과 습득된 능력)과 관련된 빈도수.

이처럼 나빌은 자격이 부여되는 것은 노동이 아니라 노동자가 되는 것이라고 주장했다.[12] 계속해서 나빌은 객관적인 요구 사항에 의해 직무를 규정하는 것은 점차로 감소하는 추세로 돌아서고 있다고 주장하면서, 기계를 작동하는 것은 감시 · 통제 · 관리 업무 등 작업자들의 역할 분담을 촉구시키는 기능과는 큰 관련이 없음을 언급했다.

---

11) *Ibid.*, p.451.

12) Pierre NAVILLE, 《분업에 대한 고찰 *Réflexions à propos de la division du travail*》《산업 사회와 자동화에 대한 연구서 *Cahiers d'étude des sociétés industrielles et de l'automation*》, 1963, 5: 232-244.

이러한 업무에 일치하는 작업의 내용은 매우 다양하고, 직무에 관련된 특징은 실제로 작업자의 소관이다. 즉 "순수하게 기술적인 논리로 직무의 총체에 자격을 부여할 직접적이고 객관적인 어떤 방법도 존재하지 않는다."[13] 나빌은 노동자보다 직무에 자격을 부여하는 것은 기업 관리 업무에 응수하는 실행을 나타낸다고 보았다. 결국 객관적인 방법 없이 이같은 시도를 하는 것은 연구자에게 있어서 견딜 수 없는 일이면서 동시에 헛된 일이 되는 것으로, 다시 말하면 작업 평가 시도는 사회학자들이 해야 할 일이 아니라는 것이다. 프리드만과 레이노가 제의한 자격 요소들은 분명히 자격의 '변동 요인' 으로 간주될 소지가 있지만, 그 요소들은 자격의 가치를 결정짓지 않는다는 데 특징이 있다. 나빌과 같은 학파에 속한 사회학자는, 자격은 '직접적으로 기술적인 상황' 에 의해 좌우되는 어떤 '사실' 로 드러나는 게 아니라고 보면서, 자격은 '노동의 다양한 가치에 대한 사회적 평가이지 개체화된 전문 현상' 이 아니다라고 주장했다.[14] 따라서 나빌학파에 있어서 자격의 과정은 노동자들을 상호 관련하여 분류하고, 전체적으로 영향을 미치는 가치 판단을 포함하는 것이다.

따라서 자격은 순전히 단순하게 개인의 능력 역할에 관련된 게 아니다. 능력을 가장 넓은 의미에서의 표준 '습득 시기' (학업 기간, 습득 비용, 보유한 능력, 경력 사항)에 맞추어 평가하는 범위 내에서 그 능력은 사람에게 자격을 부여한다. 교육 훈련 기간은 일반적이면서 사회적으로도 더 가치를 부여하는 요소가 되고, 결국 이러한 자격 평가에 민감한 지표가 되는 것이다. 문제의 소지가 된 그 지표는 노동 자체로 임금을 받는 기간, 즉 '시간 비용' 의 기준에 따라 '교육받은 행위' 를 들어가게 하는 또 다른 조건을 충족시킨다. 나빌은 이때부

13) *Ibid*., p.243.
14) *Ibid*., p.243.

터 개개 양성 훈련 기간의 '이질성' 은 단점이 아니라 유리한 점을 나타내고, 이 기간이 '다양한 조건에 따라' 그 양상을 달리한다는 것은 사회적으로 임금 가격 안정에 일반적인 요소가 되는 것을 증명해 주는 것이다라는 견해를 밝혔다.[15)]

나빌이 여기서 제안한 것은 자격을 측정하는 방식은 혼란을 야기할 수도 있다는 것을 요약한 것이라 할 수 있다. 나빌은 우선 그 자격 지표의 인위적인 특성을 강조하면서 뒤이어 이러한 측정이 즉석에서만 이루어진다는 것을 강조했기 때문이다. 교육 과정 시기를 포함한 통계적 분류는 직업 분류와 대등하게 이루어지지만, 이러한 분류 방식은 다른 것의 '입장' 을 조금도 포함시키지 않고 양성 과정이 작업에 부합된 가치를 결정짓지(détermine) 못한다는 특징이 있다. 다시 말하면 노동자의 분류를 구성하는 원리는 숙련 노동이건 단순 노동이건 그 노동의 '차이점을 분별하게' 해주는 것이지, 하나의 '메커니즘' 으로 볼 수는 없다는 것이다.

이처럼 자격에 대한 본질적인 논쟁은 그 주동자나 이들의 계승자에 의해서도 계속되고 있다. 프랑스 이외에도 현대 노동사회학을 지배하는 전통은 프리드만이 소속된 '실체론자(substantialiste)' 관점에 들어간다. 롤 · 트리피에 · 알라리프[16)] 같은 소수 사회학자들은 나빌의 논증을 더 발전시켜 활성화시켰다. 이상에서 분명한 사실은 자격 전반에 대한 사항을 파악하기 위해서는 작업장과 마찬가지로 기업에서 벗어난 체계적인 분석이 이루어져야 한다는 것이다. 이러한 경계는 또한 노동사회학과 고용사회학 사이에 더 깊어진 골을 나타낸다.

---

15) *Ibid.*, p.242.

16) Mateo ALALUF, 《노동의 시대》; Pierre ROLLE et Pierre TRIPIER, 〈교환 가치와 노동력의 사용 가치 Valeur d'échange et valeur d'usage de la force de travail〉, 《분업 *La Division du travail*》, *Colloque de Dourdan*, *op. cit.*, p.125-135.

이 문제에 대해서는 제IV장에서 다시 되짚어 보기로 하고, 여기서는 형성된 자격의 접근을 계속해서 검토해 보도록 하겠다.

3. 노동자의 자격과 기술

기술의 발전=인건비의 절약이라는 등식은 산업화가 이루어지기 시작한 초기부터 기업의 대표적인 책략에 속한다. 그러나 기계 제조업자의 기대감은 종종 실현 불가능한 일로 나타나고, 노동력의 양과 질 사이의 관계는 명확히 측정되지 않는다. 이로 인해 기업들은 직접적으로 자격에 영향을 미치지 않는 여러 가지 변이형, 혹은 근본적으로 다른 해결책에 대한 경험을 축적했다.

일례로 정밀 기계 제조는 각 생산 단계에서 무엇보다도 부품의 질에 대한 주의 깊은 통제를 필요로 한다. 무기 제조공장에서의 최종 단계는 10여 년이 걸리더라도 사격수에 의해 실시된 실험 결과에 따라 개개의 무기를 조정하고 교정하는 단계로 구성된다. 이후로 사격장의 용도는 변경되었다. 수치 제어 체계에 의해 제어되는 공정 기계는 전적으로 교환이 가능한 부품들을 생산 가능하게 해주었다. 즉 수치 제어 체계로 부분 기계들을 정확하게 제어할 수 있다면, 원칙적으로 마지막 공정 결과를 검증할 필요가 없다는 결론이 나온다. 그러면 사격수들은 어떻게 되었는가? 퇴직을 하지 않은 사람들은 다른 직종으로 바꾸었다. 또한 새로 발명된 기계들은 아주 미약한 프로그래밍의 오류가 연속적으로 재생할 위험이 있을 정도로 매우 빨라졌다. 따라서 이 체계 아래에서는 기계의 오류를 수정하기보다는 오류를 미리 예견하는 게 더 가치 있는 일이 될 것이다. 기계 자동화로 노동에서 벗어난 생산직원은 기계의 고장을 예견하는 작업에 충원되었다. 여기서 기계 조정공이 기계 관리 부분을 담당하는 것에 반해 기계작동자는 기계를 통제하는 작업에 종사하고, 젊은 직공은 가공 재료를 설치하는 작업과 더 나아가 프로그램을 작성하는 작업에 배치되었다. 예전에 있던 노동자들은 다른 업무에 적합한 재교육을 받아야 했다. 이들 중에는 자신의 능력이 가치 하락되는 것에 한탄을 한 이도 있는 반면, 새롭게 등장한 기계 언어를 파악하려고 애쓰는 이도 있을 것이고, 또 다른 부류는 두 가지 지식 형태를 결합하는 기회를 가지게 될 것이다.

그렇다면 노동자의 자격은 무엇을 의미하는 것인가? 거기에는 특정한 보편성도 없고, 각각의 상황에 따라 그 의미가 달라진다. 노동자에게 있어서 자격의 평가는 임금의 변화 정도에 의해 규정되는 것으로 여겨진다. 그러면 기술의 진전 없이 이루어진 임금의 변화와 기술이 진전된 후에 이루어진 변화를 어떻게 비교할 수 있는가? 더군다나 상황이 일정치 않다면 그 전과 후를 어떻게 설정할 수 있는가?

노동사회학자들의 해석대로라면 1950년대 이후로 이루어진 노동의 발전은 기술에 의해 활성화된 교대 노동을 추구하고 있는 것 같다. 1955-1965년대에는 사회 전반적으로 '기술의 진보' 와 그것에 따른 사회적 영향에 실제적인 가치를 부여했다. 이에 반해 70년대에는 '기술의 발전으로 초래된 다양한 손실' 에 그 초점을 두고 있고, 1980년대초에는 경제 위기에서 탈출할 수 있다는 희망과 노동의 재창출 과정에 그 근거를 둔 '신기술' 에 초점을 맞추었다.

이처럼 노동 과정을 세 시기로 분류한 연구는 기술결정론보다는 기술의 억압이나 자원에 대해 그 중요성을 부각시킨 연구자들의 공적은 간과되고 있는 것을 볼 수 있다. 그러나 기술 발전의 개념을 대체하는 **'직종의 이동(mutation)'** 개념은 그러한 상황이 나타나는 조건보다는 오히려 그 충격을 검토하는 데 관련된 불가피한 혼란의 개념을 유발한다.

분업과 노동 구조(제II장 참조)에 밀접하게 연관된 이러한 급격한 변동은 또한 노동자의 자격에 대한 접근 방향을 알려 준다.

기술 발달의 변증법

나빌과 프리드만은 기술 발전의 문제점을 담론화시키는 데 많은 공헌을 했다.

나빌이 작업 내용에 따라 자격화를 규정짓는 것에 동의하지 않은 것은 기술과 사회적 구조가 결합되는 양식을 강조했기 때문이다. 이와 함께 나빌은 생산의 자동화가 임금 노동자와 노동 간의 분리 측면만을 강조했다는 것을 주시했다. 특히 연속 생산 과정의 자동화 운행에 감시 업무를 담당하는 작업자는 차츰 다기능공, 즉 특정 업무에서 벗어난 여러 가지 업무를 수행하게 되었다는 점에 주목했다. 다능공화는 실제적인 가치를 지니고 있지 못하고 모든 업무간의 이동성 형태로 확인될 가치에 달려 있게 된다. 이처럼 나빌은 명확한 통찰력으로 당대 화학 산업의 현주소를 알 수 있는 이러한 추세가 보편화될 것이라고 예견했다.(제II장 참조)[17]

이에 반해 장인적 노동의 결합에 주목한 프리드만은 다능공화를 노동의 재창출 과정으로 간주했다. 그러나 그는 산업 사회에서 상반된 운동인 기술 발전의 **'내재적 변증법**(dialectique interne)' 이 일반화될 것이라는 바를 예견했다. 즉 프리드만은 예전 직종의 점차적인 분열은 '전문적 숙련도의 하락' 을 나타내는 것이고, 기계의 발달은 '새로운 직종의 전문 인력' (기사, 기계조종자, 더 한층 숙련성과 다기능성을 갖춘 기계 수리공)이 탄생하는 계기가 될 것이라고 보았다. 따라서 "산업 집단 내에서 위로는 점점 더 높은 자질을 갖춘 노동에 집중되

---

17) Pierre NAVILLE, 《자동화 사회로 향하고 있는가? *Vers l'automatisme social?*》, *op. cit.*

고, 밑으로는 이들 두 계층간의 중간 범위를 제거시키면서 전문화된 노동력의 양극 대립 현상이 거의 일반화될 것이라고 주장했다."[18]

투렌은 행위에 집중한 프리드만의 관점을 생산과 작업 간의 점차적인 분리가 이루어지는 것을 증명한 나빌 이론과 결합시켜 프랑스 사회학 발전에 기여했다.

1955년부터 투렌은 사회의 전체적인 발전 단계를 세 단계로 구성하는 연구를 시도했다.[19] 즉 예전의 **직업 체계**(système professionnel) 혹은 A 단계에서의 노동자는 제작 과정에 많은 자율성을 지니고 있었다. 이 단계에서 노동자의 자격은 아직은 전문화 단계에 이르지 않은 기계나 기업에 좌우되는 게 아니라 자신의 숙련도에 달려 있게 된다. C 단계에 일치하는 새로운 **기술 체계**(système technique)는 자동화 체계다. 정확히 말해서 생산은 기계 운용을 감시하는 작업자와는 무관한 기계 설비에 의해 담보된다. 이 단계에서 노동자의 자격은 기술적인 수완보다는 정보 전달을 할 수 있는 능력이나 개성에 좌우되는 경향이 있다. 중간 단계인 B 단계는 노동 조직과 노동 과정의 표준화가 혼합된 형태가 공존하는 관계로 나타난다. 이 단계에서는 '세분화된 작업'과 비숙련공 작업으로 이루어진 테일러 방식과 포드주의 일관 조립 생산 방식(제II장 참조)이 지배하게 된다. 여기서 숙련공의 자격은 작업자의 지식 수준으로 결정되고, 비숙련공의 자격은 그들이 올린 생산성에 의해 정해진다. 이러한 변화 과정은 일차적인 발전보다는 근본적으로 대립된 두 가지 논리의 결합을 나타낸다고 할 수 있다. 기술에 의해 표시되고 노동의 질에 강한 성향 체계를 부여하는 투렌의 분석은 무척 시사적인 것을 보유하고 있다. 자격이 직접적으

18) Georges FRIEDMANN, 《인간의 노동은 어디로 가고 있는가? *Où va le travail humain?*》, Paris, Gallimard, 1963, p.290-303(1950년 초판).

19) Alain TOURAINE, 《르노 자동차공장 노동자의 작업 업무 개선 *L'Évolution du travail ouvrier aux usines Renault*》, Paris, CNRS, 1955.

로 노동 상황에서 유래하지 않고 기술 과정이 직접적으로 이러한 상황을 지휘하지 못한다면, 투렌의 유형은 실제적으로 공존하는 노동 구조의 혼합 형태를 설명하기 위해 적합한 것으로 인식되어야 한다. (제II장 참조)

이들 세 명의 사회학자들의 견해 차이에도 불구하고 이들의 논리는 10여 년 동안 자동화로 자격의 상승이 이루어진다는 개념으로 특징지을 수 있다.

기술 발전으로 인한 손실

다른 연구 논제로 인해 오랫동안 답보 상태에 있었던 자격에 대한 기술의 영향은 60년대말 다시 표면으로 떠올랐다. 이번에는 그 시대의 사회적 갈등에 더욱 역학적이고 전적으로 비관론적인 경향을 띤 해석에 초점을 맞추었다. 새롭게 도입된 자동화된 기계는 유익한 영향을 발휘하는 대신 결국에는 노동의 전반적인 탈숙련화를 초래하는 결과를 가져왔다.

이러한 연구 추세와 결합된 결정론은 단순히 공업 기술에 관한 것만은 아니다. 실제로 노동의 변화는 그 자체는 독립변수가 아닌 가변성의 기술에 달려 있다. 이 경우에서는 기술은 사회적 목적을 위한 도구로만 나타나고, 그 기술이 구상되고 발전되는 맥락에 따라 다양한 결과를 양산하게 될 것이다. 그것은 기술이 발생한 사회적 구조를 결합시키는 데 기여할 것이다. 물론 이러한 구조의 정의와 그 구조 기능의 구상 안에서는 개개의 난점이 자리잡게 된다. 이러한 상황에 대한 해결책은 노동의 격하, 노동자의 예속과 탈숙련화 등 기술 발전에 따른 불가피한 원리와 함께 적절한 형상, 자본주의 생산의 관계를 규정하는 것이다. 이러한 관점에서 기계는 병기, 통제 도구, 노동자의 숙련을 제거하는 도구가 되는 것이다.

전세계적으로 널리 전파된 이 이론은 특히 미국의 브레이버만과 프랑스의 프레이스네의 지지를 받았다.[20]

프레이스네는 산업 혁명 이후에 전개된 노동의 역사를 숙련 노동자의 지위가 대대적으로 격하되면서 이들이 지녔던 자율성이 점차적으로 제한되는 시기로 재해석하면서 거의 피할 수 없는 이러한 경향은 노동의 재창출 과정이라는 제한되고 엄밀한 형태와 양립한다는 것을 지적하였다. 이와 함께 프리드만에 의해 제기된 상층부에는 전문자격을 갖춘 노동자와 하층부에는 비숙련공이 자리잡고 있는 양극 분리 현상이 지속적인 성향으로 전개된다는 것을 주장하였다. 따라서 일시적으로 소수의 노동자들만 수행할 수 있었던 전문 작업 기능은 점점 빠른 속도로 탈숙련화 상태로 전락할 것이라고 예견했다. 프레이스네는 이에 대한 예로 제철소의 전문 직공은 한 세기 동안에, 그리고 정보처리 전문가는 20여 년 만에 탈숙련화 상태로 전락했다는 사실을 들고 있다.

전시대가 자동화된 산업의 도래 가능성과 석유화학 공업에서 제시된 연속 공정의 원형을 예견하는 것에 그 토대를 두었다면, 20세기에는 작업의 수행에 엄격한 통제를 가한 포드주의의 일관 조립 작업이 모델로 사용된 시기라 할 수 있다. 이와 동시에 중요한 지적 능력을 동원하고, 그 능력에 따라 임금을 받는 모든 감시 업무 같은 여러 가지 부작용을 제시하는 회의적인 반응이 여기저기서 터져 나왔다. 그러나 노동의 탈자격화 논제의 지지자들은 이러한 업무들이 조만간 위협을 받을 것이라는 주장에 대해 반박할 수 있었다.

'노동자로부터 숙련 지식을 제거' 한다는 주장은, 자동화로 인간의

---

20) Harry BRAVERMAN, 《노동과 독점자본주의 *Travail et capitalisme monopoliste*》, Paris, Maspéro, 1976(1974년 초판); Michel FREYSSENET, 《자본주의 분업론 *La Division capitaliste du travail*》, Paris, Savelli, 1977.

능력을 기계로의 '이전(transfert)'과 동일시할 수 있는가에 대한 더욱 근본적인 문제 의식을 불러일으켰다. 기술의 도입으로 인간이 담당했던 업무는 숙련 기능의 가치 하락을 초래했지만 작업자의 숙련 지식까지는 제거하지 못했다. 또한 숙련 기능의 가치 하락에 대한 주장은 절대적인 가치를 지니지 못하고, 여전히 협의 단계를 필요로 한다. 여기서 어떤 절대 필요성에 따라 자본주의는 반드시 노동자에게서 그 숙련 지식을 박탈하는 것으로 예정지을 수 있는가라는 의문점이 제기된다. 이같은 문제점은 간주된 것보다 더 숙련을 요하는 작업에서 비롯된다. 실제적 혹은 제도적인 자격 간의 구별은 이러한 맥락의 이해 안에서 혼란만을 더욱 증폭시킬 뿐이다.

이따금 이러한 논제는 오랜 뒤에, 특히 중간 단계 없이 새로운 시대로 도입한 영국의 산업 과정에 관해 많은 논쟁을 불러일으켰다.

신기술의 목적

노동의 탈숙련화에 대한 논제는 기술로 인한 사회적인 영역을 재구성하고 사회 본연의 손실을 증명하는 데 기여했다. 사회 관계가 복잡해지고, 그 사회 관계의 맥락이 기본 원리에서 벗어나게 되면서부터 기술과 노동의 숙련 역사는 예측할 수 없는 상태로 접어들었다.

80년대초 프랑스에서는 기술의 발달로 비롯된 노동 과정의 영향에 대해 '기술-고용-노동' 과정의 연구가 자리잡아 갔다. 이후로는 '기술-조직 혁명'과 '결합된' 변화를 관찰하는 데 그 중점을 두었다. 특이하게도 극소전자의 실행은 노동 상황의 다양한 환경을 세워 그 경우에 해당되는 미시적 접근에 의한 특수 연구로 파악했다. 이렇듯 다양한 연구 상황에도 불구하고 프랑스 노동사회학 연구의 공통적인 성향은 국제적인 영역에 관한 것을 그대로 답습하는 상태에 머물러 있었다. 산업은 여전히 중심 영역으로 자리잡고 있지만, 주요 노동자는 일관 조립 작업에 예속된 비숙련공에서 벗어나 컴퓨터를 작동하는 전문 화이트칼라로 대체되는 경향을 보이고 있다.

예전 시대가 테일러리즘 · 포디즘과 노동의 탈숙련화를 결합시키는 시대였다면, 80년대는 이러한 결합의 방향을 뒤집어 놓는 시대로 일컬을 수 있다.

이러한 상황에서 일부 사회학자들이 테일러주의와 분업의 종말(제II장 참조), 숙련 노동의 부활 징후를 언급하는 것은 새삼스러운 일이 아니다. 다른 부류의 사회학자들은 노동의 탈숙련화의 관례를 약화시키는 다양한 예들을 나열하는 것으로 그쳤다.[21]

경험적인 연구에 의해 제시된 이러한 반증 성향은 노동의 특성과 숙련 사이에 이미 설정된 관계를 포함시키지 않았다는 특징을 들 수 있다. 노동의 탈숙련화가 노동자의 숙련 지식 쇠퇴와 자율성의 감소 현상을 가져왔다면, 노동자의 지식 혹은 힘의 전도된 모든 표시는 노동 숙련에 대한 부활의 징후로 나타낼 수 있다. 명백하게 제시되는 경험적 관찰에 비해 한정된 목록 안에서의 분류는 부가적으로 나타난다. 앵글로색슨 국가 사회학자들의 공헌은 논쟁의 대상이 된 용어를 반드시 한정하지 않았다는 데 있다. 실제로 실사 skill은 기능(혹은 숙련)을 지칭하지만, 형용사 skilled가 될 때는 '숙련 노동자(qualifié)' 를 의미한다.

이렇게 함축적인 숙련 지식(tacit skill)의 개념은 대다수 사회학자들에 있어서 필연적인 경향으로 간주되고 있는 탈숙련화의 가설을 약화시키기 위해 동원된 수많은 논증을 집산한다.[22] 이에 따라 기준으로 사용되는 '실제적인' 노동은 단순히 명백한 작업을 지칭하는 것

---

21) 《노동사회학》 특집호(1984년 4월)에서는 〈산업 안에서의 신기술: 작업 숙련의 목적〉을 주제로 이러한 급변 상황에 대해 여러 국가 사회학자들의 논고를 실었다.

뿐만 아니라 그 작업이 암시하고 있는 수행 능력과 그것이 전제하고 있는 지식을 나타낸다. 노동자가 '무지한 로봇'으로 간주될 수 있다는 것은 생산 활동에 가담하는 기여도가 미세한 능력에 의지하고 있기 때문이다. 자동차 운전, 타이프라이터, 주물공 같은 단순 반복 작업은 실제로 전문가의 재능, 논리적인 과정, 구상 과정을 필요로 하는 작업이다. 이러한 숙련은 신속성에 대한 요구와 익숙함에 의해서만 자동적으로 변화되어 갔다. 노동 환경은 예기치 못한 사건이나 사고가 날 때부터 자동성을 적합한 상태로 되돌리기 위해 지속적인 주의를 부추겼다. 이러한 견지에서 보면 '장인적 숙련 기술'은 일상적인 계략을 지칭하는 것이 된다. 즉 담배를 마는 종이는 기구를 고정시키는 데 사용될 수 있는 것이다. 이렇게 기계의 효율을 높여 줄 수 있는 간단한 기계 수리는 동시에 더욱 많은 주의를 필요로 한다. 나아가 팀제 작업 방식은 '노동력의 제공'뿐만 아니라 부서간의 관계에 대한 평가를 요구한다. 이러한 사실은 일관 조립 작업에서조차도 동시에 이루어지는 노동 과정의 속도를 따르기 위해 상층부에 위치하고 있는 부서의 작업을 '해석할 수 있도록' 교육을 받아야 한다는 것을 의미한다.

그러면 지금까지 당연시되었던 이러한 모든 능력, 때로는 관련자 자신조차도 간과한 모든 함축적인 수행 능력에 연구자들이 다시 초점을 맞춘 연유는 무엇일까? 상황에 대해 노동사회학자들은 더욱 세밀한 분석과 인간공학 연구서, 심리학자의 연구서와 새로울 것 없는 인식론적인 고찰을 참조로 한다. 왜 학자들은 이 문제를 재검토하는가? 혹은 뒤늦게 이 문제점을 부각시키는 것인가? 이러한 논리 안에

---

22) Bryn JONES, Stephen WOOD, 〈함축적인 숙련화, 분업, 신기술 Qualificaions tacites, division du travail et nouvelles technologies〉, 《노동사회학》, 1984, 4: 407-421.

서 보면 기술은 결정적인 특징을 상실했지만, 그것은 여전히 본질적인 위치를 차지하고 있는 것을 알 수 있다. 즉 기술은 여전히 현상황을 드러내는 기구로 사용되고 있는 것이다.

무엇보다도 더욱 복잡해지고 신뢰도는 떨어지고 있다는 것에 신기술의 '역설'이 있다. 완전 자동화된 생산 과정에서 어김없이 발생하는 실수나 국부적인 사고의 결과는 대대적으로 영향을 미친다. '노동자 없는 공장'의 신화는 기업 내에서 '기계 고장 없는 공장'의 이상으로 대체되어 가는 것 같다.

최첨단 기술 실행은 '함축적인 숙련 기술'의 중요성을 명백히 드러내고 있다. 일례로 '전문가 시스템'은 인위적으로 전문가의 진단이나 결정 사항을 '재생시키는 것으로(reproduire)' 간주되는 정보처리 프로그램이다. 이러한 종류의 시스템을 명백히 하기 위해서는 전문가가 자신의 모든 이론 과정을 명시하는 데 이를 수 있을 때까지 그 전문가와 토론을 거쳐야 한다. 그리고 전문가가 그 과정을 표현하기 어려운 문제들은 전문가 자신도 자각하지 못했다는 사실을 증명해야 한다. 인식 과정의 다양성과 복잡성은 전문화된 평가뿐만 아니라 로봇이 완성할 수 있는 아주 일상적인 행위에서도 나타난다. 이러한 경험은 숙련의 '제거' 형태와 연결되어 있지만, 그 경험의 한계는 분명하게 나타난다.

결국 숙련의 종류와 중요성은 예상한 것보다 더욱 비중 있는 것으로 확인되었다. 예전의 장인적 숙련에 비해 테일러주의 기술을 목표로 삼은 숙련 지식은 가장 단순한 작업 수행 능력 부분을 존속시키는 것이다. 자동화를 견디어 내는 이러한 작업 수행 능력과 동시에 자동기계 장치를 감시하는 일은 필수불가결하다는 것을 드러내 주고 있다. 이러한 능력의 사용이 장인적 노동의 회귀를 의미하는 것은 아니지만 많은 수의 연구자들은 노동 전문화의 복귀 지표이고, 더 나아가 체제 변화를 나타내는 것이라 보았다.

숙련과 기술적인 변화에 대한 대응은 지난 10년 동안 되풀이되어 논의되는 주제이다. 특히 예전 시대는 생산 관계의 대립으로 특징지을 수 있는데, 이 시기에 각 기업에서는 경제 위기에서 빠져나와야 한다는 절대 필요성을 강조하면서 '결합 노동'의 조화로 이루어지는 협업을 강조했다.

잠재적 숙련의 입증은 손으로 하는 것으로 알려진 작업이 실제로는 또한 지적 노동으로도 된다는 것을 확인한 것이다. 노동의 내용은 변하는 것을 멈추지 않지만 새로운 직종은 또한 명확히 검증된 것은 없고, 그것에 대해 사람들이 하는 말 속에만 존재한다. 여기서는 노동의 개관적인 발전을 어떻게 입증할 것인지에 대한 의문이 자리잡는다.

그러나 몇몇 연구가들은 본래의 양성 교육을 개선시키는 데 목적을 둔 추천에 대하여 초점을 두었다. 예를 들어 기계 작동자의 '실제적인 능력'은 일반적으로 책임감 · 구상 · 상호 의존성 등 세 가지 단계에 따라 발전된다. 여기서 질적 · 양적으로 높아진 책임감, 더 높아진 감시 영역, 더욱 빠르게 대처하는 능력, 더 많은 잠재적 능력을 필요로 하게 된다. 구상과 실행의 분리는 우선 작업과의 관계에 관련된다. 기계작동자는 올바른 평가를 위해 기계에서 멀리 떨어져 생산 과정을 간접적으로만 통제한다. 이러한 의미에서 기계작동자는 자신의 작업 대상에서 멀리 떨어져 있을수록 그의 활동 영역은 더욱 '추상적'으로 된다. 그리고 이러한 지위는 제반 문제점들을 예견하고 해결할 수 있는 능력으로 표현된다. 마지막으로 작업에 대한 지식은 더욱 '이론적'이 되어가고, 숙련에 고유한 '육체적 접촉'과는 반대로 노동의 '지적' 고도화가 진행된다. 마찬가지로 자동화의 필연적 결과로 구성된 작업 부서간의 상호 의존성은 협업의 관점에서 다루어진다. 투렌의 예견에 따라 자동화는 행동심리학의 능력, 정보 전달 능력, 혹은 신조어에 따라 '사회 적응력(*savoirs sociaux*)'에 호소한다.

결국 '노동 과정의 통제'로 재규정된 작업 수행 능력의 개념은 능력의 개념에 자리를 내주고, 마침내 그 영역을 잃었다. 여기서는 작업의 자질과 노동자 자질 사이의 결합은 습득된 능력을 고려하여 수정되어야 하는가에 대한 의문점이 자리잡는다. '동원된 새로운 능력'은 작업자가 갖추어야 할 능력이 되었고, 작업 형태의 내용은 다양한 지식 · 숙련 · 처세술의 변화 속도를 따라잡지 못하고 있다.[23)]

4. 작업장 이외의 영역

노동사회학은 작업 자질의 단계로 위에서 요약한 세 가지 단계 이외에도 다양한 영역을 제시하고 있다. 따라서 작업의 변화를 객관적으로 서술하려는 시도를 하려면 직업 활동의 사회적 양상이나 사회의 주동자들이 자신의 직업 활동에서 구성하고 있는 '이론(théories)' 양상에 대한 가치 지향 접근을 언급해야 한다.

기술 자체는 다기능 체계 차원에 길을 열어 주었다. 따라서 자동화의 결합 노동과 다기능화에 토대를 둔 자율적 팀제 작업은 자신의 업무에서 벗어나 소속팀의 다양한 업무를 익혀야 되는 것이다. 자동화 체계가 미비한 직종은 이러한 성향을 결합시켜야 한다. 예를 들어 건축업에서 전통 직종 집단 사이의 장벽은 '다른 직종으로 넘나들 수 있는 수행 능력'이 향상되는 것에 의해 높아진다. 정보 교환과 협의 · 결정을 내릴 수 있는 능력은 '처세술' 혹은 '사회 변화에 대처하는 지식(적응력/사회 지식)'이라는 새롭게 등장한 전략에 속한다. 실제로 수많은 영역에서 '사회적' 능력이 전문적 능력으로 대체되어 가는 것

---

23) Marcelle STROOBANTS, 《숙련과 작업 수행 능력 *Savoir-faire et compétences au travail*》 《능력 양성의 사회학 *Une sociologie de la fabrication des aptitudes*》, Bruxelles, éd. de l'Université de Bruxelles, 1993.

을 볼 수 있다. 그러나 이러한 구별은 직업 영역의 속성과 작업 수행 능력 간의 혼란만을 불러일으키는 요인이 되기도 한다. 새롭게 등장한 이 사회적 능력을 새로운 형태의 작업 능력으로 규정지을 수 있는가에 대한 문제점이 제시된다. 무엇보다도 전통적으로 미숙련공의 특질로 예정된 규율, 창의성의 결핍 혹은 전문성의 분산은 '사회적' 행위가 부족하다고 규정지을 수 없기 때문이다.

노동자의 자격에서 점차 작업 능력으로 이동해 가는 변화는, 동시에 공장 임금 노동자에 비해 특히 공무원이나 농부 같은 비정형적 집단의 직업적인 표상과 정체성에 전념한 연구서에서 두드러지게 나타나는 특징이다. 예를 들어 예전에 종사했던 직종과 현재 종사하고 있는 직종 혹은 '예술'이나 '학문' 같은 직종 사이의 양자택일은 교육자 집단과 마찬가지로 경찰관 집단에서도 시행되고 있다. 따라서 위에서 언급한 진입 집단의 양식과 경력 관점은 엄격하게 '자격 논리'[24]를 따르고 있지 않음을 쉽게 발견할 수 있다.

더 일반적으로 노동자 조직의 역사적 역할, 지역 협상자간 힘의 관계, 지엽적인 전통은 자격 인식에 대한 투쟁 요인, 자신의 '사회 건설'에 공헌으로서 나타난다. 이러한 과정에 대한 연구는 작업자의 능력이 자격 부여의 대상이 되고, 이러한 자격 부여가 노동의 특징과는 관계없는 실체를 구축한다는 것을 보여 주고 있다. 이러한 자격 부여의 개념은 자격 과정 안에 '실제적인' 노동의 분석이 놓칠 수 있는 주관적인 영향을 다시 도입한다. 실제로 '자격의 칭호를 주는 것' 아니면 자격을 부여하는 것은 무엇인가라는 의문이 제기된다. 절대적인 가치를 지니고 있지는 않지만 일반적인 가치를 지니고 있는 판

---

24) Lise DEMAILLY, 《교사의 자격 혹은 전문 능력 *La qualification ou la compétence professionnelle des enseignants*》, 《노동사회학》, 1987, 1: 59-69; Dominique MONJARDET, 〈경찰 행위의 분석 원리로서의 능력과 자격〉, 《노동사회학》, 1987, 1: 47-58.

단에 관련되기 때문에 노동자들을 상호간 비교하여 분류하는 것이다. 그러나 자격 칭호는 전적으로 새로운 가치를 발명한 것은 아니다. 결국 주동 인물에 의해 실현된 '구조'는 노동 시장이 규정할 수도, 은폐할 수도 있는 여러 가지 능력에 종속된 것으로 남아 있게 된다.

제련소 같은 특정 영역에서의 자격 분류는 생산 기술의 변화와 고학력자의 증가, 직업 관계의 혼란에도 불구하고 상당히 항구적인 상태를 유지하고 있다. 이 사실은 자격 구조가 작업 실행의 영향을 받지 않는다는 것을 나타내는 것이라 할 수 있다.

예를 들어 왜 프랑스의 회사들이 우선적으로 중간 간부층을 우선시하는 것에 반해, 독일에서는 노동자층에 특권을 베푸는 데 할애하고 있는가? 이 단순한 차이는 여러 가지 정황에 호소하는 것이고, 여러 가지 상황의 긴밀한 결합과 모리스 · 셀리에 · 실베스트레의 용어에 따른 **사회적 영향**(effet sociétal)에 달려 있는 것이다.[25] 각 경우에 있어서 교육 체계와 노동 조직, 노동의 결합 관계 사이에는 특별한 결합이 존재한다. 그것은 두 나라간 근본적으로 다른 자격의 '공간(espace)' 에서 비롯된다. 문제가 제기된 공간은 임금 노동자의 이동성 형태 범위(훈련 과정의 단계, 가능한 고용 변화, 사회적 변화)를 나타낸다. 이렇게 프랑스에서 노동자의 자격은 기업 내에서 행해지는 일반적인 교육 훈련과 고참 직원에 의해 엄격하게 구조화시킨 '조직적인' 공간에 설립된다. 일자리를 얻기 위한 경쟁은 보유하고 있는 자격증으로 치열해지고, 기업 내의 서열에 의해 교대된다. 독일에서 직업 교육 · 자격증 · 직무간의 교통은 매우 엄격하고, 기업과 작업장의 밀접한 협력으로 보장된다. 그러나 거기에서 '자격의' 공간은 넓고, 기

---

25) Marc MAURICE, François SELLIER, Jean-Jacques SILVESTRE, 《프랑스와 독일의 교육 정책과 산업 조직 *Politique d'éducation et organisation industrielle en France et en Allemagne*》 《사회분석론 *Essai d'analyse sociétale*》, Paris, PUF, 1982.

업 내의 훈련 교육의 내용을 능가하는 유동성을 마련한다. 이 직무간의 이동은 독일 생디칼리슴의 기초를 구성한다.

노동 행위에서 분리된 자격의 접근은 지속적으로 확장된다. 고용에 직면한 노동자에게 인식된 가치는 고용 상태에 있는 경우와 그렇지 않은 경우에 대하여 준비하고 전개하는 일련의 상황을 실행한다.[26] 마찬가지로 모든 노동자는 생활 방식과 회사 내에서의 품행을 통해 자신의 자격을 증명한다. 이렇게 개개 노동자는 동시에 타이피스트·감독관·기술자 사이의 구별을 짓는 모든 것을 재현하거나 변형시키는 데 일조를 하는 것이다.

---

26) Mateo ALALUF, *op. cit.*

IV
임금 제도의 변화

임금 제도의 특성과 변화를 파악하기 위해서는 기업에서 탈피해 노동 시장에 대한 전반적인 분석이 이루어져야 한다. 19세기 노동 시장은 한창 승승장구하던 자유주의의 '요구(exigences),' 과도한 경쟁 '게임(jeu)' (이같은 사실은 스핀햄랜드 실험에 의해 드러났다. 제I장 참조)에 부응했다. 그때부터 노동자 운동의 압력으로 갖추어진 사법적·제도적 장치들은 노동 시장을 조절하는 데 기여했다. 따라서 임금 관계는 사용주와 고용인 두 객체 사이의 상업 교환으로만 국한되지 않고, 산업 교류는 고용주·노조·국가가 결합된 세 집단의 참여로 이루어지는 것이다.

1. 노동의 결합 관계

임금 노동자의 노동 조건과 사회적 획득은 오랜 역사를 통하여 조직된 노동자 집단이 개인적 관계를 집단 관계로 변형시키면서 사용자측의 임의성을 제한하고자 하는 시도를 통해 얻은 산물이다. 이러한 변화는 천편일률적인 일차적 형태를 벗어나 다양한 양상으로 나타나고, 쟁취의 중요성과 영속성은 사회 동료들간의 힘의 관계와 경제 정세에 달려 있게 된다. 임금 노동자간의 공통점, 임금 노동자 조직간의 유사한 문제점과 궁극 목적에도 불구하고 생디칼리슴〔syndicalisme; 19세기말에서 20세기초에 프랑스와 이탈리아를 중심으로 일어난 무정부주의적인 노동조합 지상주의]은 선진 산업 국가별로 매우 다양한 형태를 취하고 있다. 따라서 국제 규모의 경제에서 이런 여러 '압력 단체' 간의 협의는 어려운 점이 뒤따른다. 경제 위기 이후 나타난 생디칼리슴의 쇠퇴 현상은 이러한 다양성을 고려하면서 분석되어야 한다.

역사적 지표

모든 역사를 다시 쓰지 않는다 하더라도 노동 운동이 반드시 생디칼리슴과 합류하지 않았다는 사실과, 때로는 개인적인 이익에 따라 집단 행동이 활성화되었다는 사실을 상기시키는 것은 중요하다.[1]

앙시앵 레짐 시대에 수공업 사장에 비해 장인조합의 특혜를 별로 누리지 못했던 직인들은 직인조합을 재결성하였다. 따라서 1791년 동직조합의 폐지는 수공업 사장조합과 마찬가지로 직인조합의 폐지와도 관련된다. 1776년에는 영국에서도 모든 동일 직종의 동맹을 금지하자 조합은 비밀 단체 상태로 그 명맥을 이어갔다. 19세기 중반(영국은 1859년, 프랑스는 1864년)이 되어서야 조합을 금하는 법률이 폐지되기에 이른다. 그러나 19세기말이 되어서야 노동조합의 결성이 공식적으로 인정되었다. (영국에서는 1875년, 프랑스에서는 1884년에 노조를 인정하였다.)

노동조합의 역사를 살펴보면 종종 숙련 노동자의 주도로 집단 행동이 시작되었음을 보게 된다. 작업장 이외에도 직업적인 활동과 전통은 실제로 재조직의 기초를 구성했다. 특히 방직 산업 영역에서 발

---

1) Jean-Pierre DELAS, 《노동 운동 *Le Mouvement ouvrier*》, Paris, Nathan, 1991.

달된 가내수공업 제도(제I장 참조)는 도처에 산재해 있는 노동자들을 집결시킬 수 있는 장인 의식을 유지케 하는 데 기여했다. 이렇게 영국에서의 노동자 자율성의 금지는 기계에 대항하여 일어난 최초의 노동자 폭동의 효시가 되었다. 1780년부터 노동자들은 새로 도입된 기계의 제거를 요구하기 시작했고, 이후 영국 랭커셔의 면 방직업공장에서는 방적기를 파괴하는 운동이 시작되었다. 이 운동은 1810-1814년에 이르러 노팅엄 지역의 방적공업지대를 중심으로 좀더 큰 규모로 급속히 파급되어 갔다. 전설적인 인물 '제너럴 루드'의 휘하에 은밀히 단체를 결성한 노동자들은 1백여 대의 편물기를 파괴하면서 폭동을 주도했다. 이 러다이트 운동에 정부는 단결금지법을 제정해 강경하게 대응했다. 1816년 글래스고에서 발생한 분쟁은 기계에 대한 저항뿐만 아니라 여성 노동자에게 적대적인 입장을 취하는 데 그 목적을 두고 있다.

프랑스에서는 상당수의 방적공들을 위협한 쟈카드 방적기에 대한 파괴 운동이 일어났다. 첫번째 발생한 대규모 기계 파괴 운동은 1831년 리옹의 견직공장에서 일어났다. 리옹의 '견직공장주(soyeux)'에게 착취당한 수천 명의 견직공은 상호 협동 단체를 구성해 여기서 선출된 대표자들이 고용주와 최저임금을 협상했는데, 이중 몇몇 직공들이 최저임금 체제를 받아들이기를 거부했다. 가장 가혹한 진압을 당한 리옹 견직공들의 폭동은 실패로 끝났지만 이 운동은 노동자 조직의 본보기로, 권력에 맞서 폭력을 사용한 협상 시도와 단체 행동의 시도로서 기념비적인 사건으로 남아 있다.

그러나 노조 자유에 대한 인정이 이루어졌다고 해서 파업의 권리까지도 받아들인 것은 아니다. 프랑스에서는 제2차 세계대전이 끝나고 나서야 파업을 합법적으로 인정했다. 유럽의 몇몇 나라, 특히 벨기에에서는 파업이 더 이상 형사법에 저촉되지는 않지만 여전히 공식적인 권리로 인정하지 않고 있다.

노조 자유의 원리는 노조에 소속되거나 되지 않는 것, 그리고 노조를 구성하는 것은 개인의 선택으로 남아 있게 되는 것을 일컫는다. 그 원리는 노조간, 그리고 국가에 대하여 자주성을 보장하는 것이다. 그것은 또한 노조에 가입했다고 해서 고용의 제약을 받지 않는다는 노동 자유의 논리적인 결과 안에 들어간다. 노동조합의 원칙이 유사시 단체 행동을 통하여 모든 노동자들의 이해 관계를 추구하는 것이라면, 영국의 생디칼리슴은 이러한 원칙에서 벗어나 고유의 독특한 형식으로 발전된 것을 볼 수 있다. 일례로 클로즈드 숍(closed shop) 방식은 노동조합이 노동의 공급을 통제할 수 있고, 조합의 조직을 강화하는 제도이다. 유니온 숍(union shop) 방식은 채용이 된 모든 근로자는 반드시 조합원으로 가입해야 하는 제도이다.

19세기부터 영국 노동조합은 수련 기간을 통제하고, 자신들이 제안한 고용 임금을 따르지 않는 공장들을 배척하면서 그 공장의 직공으로 들어가는 것을 금했다. 사용자측과 노동조합측 간의 임금 교섭(bargaining) 혹은 '흥정(marchandage)'은 현재의 **단체 교섭**(négociation collective) 개념의 기원이 되었다.

산업 교류의 주요 부분인 단체 협상은 노동권의 근거를 이루는 것 중의 하나이고, 동시에 갈등을 극복하는 방식이기도 하다.[2] 또한 단체 교섭은 고용주들의 입장에서 보면 사회 평화의 도구이기도 하다. 제2차 세계대전이 끝나고 1974년 첫번째 유가 파동을 겪을 때까지 이 도구는 경제 발전 수단의 하나로 인정되었다. 70년대는 일명 '30년간의 경제 호황 시대(Trente Glorieuse)'로 생산성의 분배가 성장의 '고효율 주기'를 이룬 시기이다. 임금 노동자들의 소비 없이 대량 생산은 실제로 판로를 발견할 수 없다. 따라서 노동 임금은 포디즘의 원리에 따라 자본 소득과 균형을 맞춰 나가야 된다. 노동자들의 생계 비

2) Guy CAIRE, 《단체 교섭 *La Négociation collective*》, Paris, PUF, 1992.

용에 맞춘 임금 지수는 동시에 기업의 지급 능력과 관련하여 정해진다. 노동자 대표자들은 생산 과정의 현대화를 받아들이고, 임금 상승에 대한 자신들의 요구의 한계를 정하고 단체 협약을 지킬 것을 약속한다. 이에 반해 국가는 소비를 독려해 완전 고용을 권장해 구매력이 살아나게 하고, 국가 예산을 지원해 실업을 타파하고자 한다. 경제학자 케인스 학설에서 영향을 받은 이러한 임금 조정 체계는 매우 극명한 대조를 이루고 있는 국가의 변수와 예외적인 상황이 개입된 일반화된 사회적 타협과 '포드주의적' 임금 관계에 기초한다.[3]

노조의 영향

일반적으로 생디칼리슴의 힘, 노조원의 수, 파업 횟수를 평가하기 위해 두 가지 지시 체계를 사용한다.

OECD(경제개발협력기구)에 가입한 국가 중 24개 회원국을 분석한 결과 노조에 가입한 노동자의 비율이 최근 급감하고 있는 경향을 보여 준다.(다음 도표 참조)[4] 조합 가입 평균율은 1975년에는 37퍼센트의 하락을 보이다가 1988년에는 28퍼센트까지 하락하는 비율을 기록했다. 이렇듯 전세계적으로 노조 가입 비율의 쇠퇴 동향은 나라마다 각기 다른 성향을 보여 주고 있다. 이미 노조가 쇠퇴 국면에 접어들고 있는 프랑스와 미국 같은 국가와 영국처럼 노조의 강력한 투쟁성의 보루가 쇠퇴에 직면한 국가에서 노조 가입 비율이 가장 많이 감소하는 현상이 나타났다.

다음 도표는 노조 고취에 대한 산업 국가들간의 차이점을 잘 보여

---

3) Robert BOYER(éd.), 《유럽 국가에서의 노동의 유연성 *La Flexibilité du travail en Europe*》, Paris, La Découverte, 1986.

4) J. VISSER, 《노조 가입 경향 *Tendances de la syndicalisation*》《고용 관점 *Perspectives de l'emploi*》, OECD, 1991.

1991년 OECD 회원국의 노조 가입 비율 현황

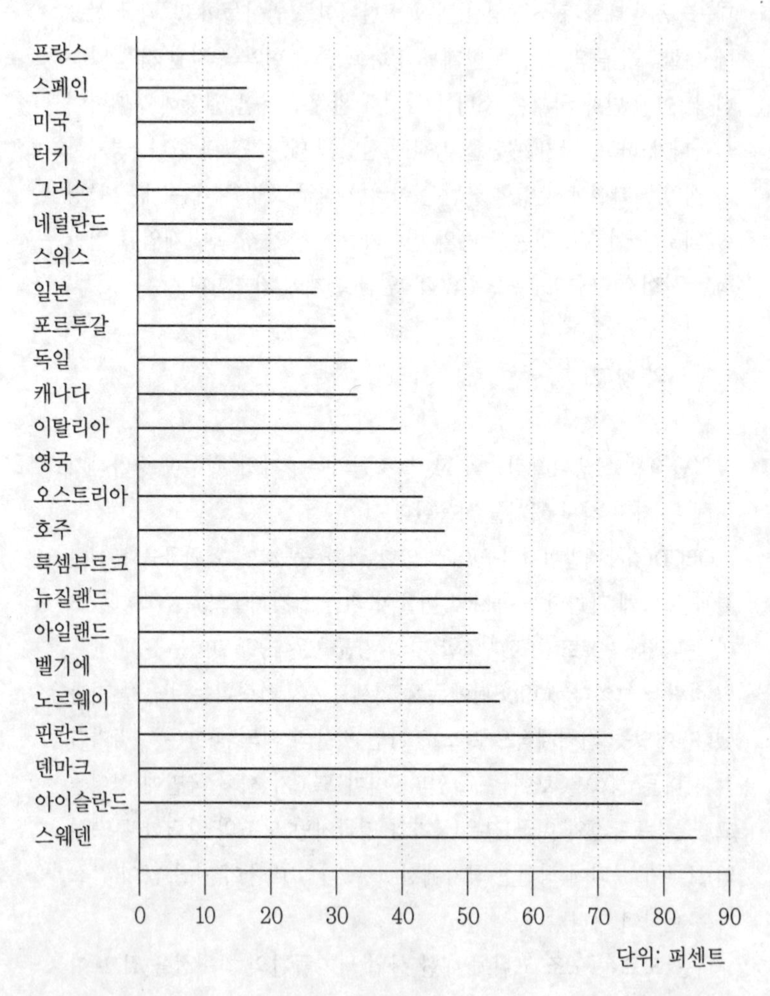

주고 있다. 그러나 조합원의 유동수와 계산 방법은 국가 조직에 따라 변하기 때문에 도표에 나타난 수치들은 그만큼 신중한 해석을 요한다. 예를 들어 벨기에에서 조합원 비율을 53퍼센트라고 평가한 것은, 일반적으로 70퍼센트 비율보다는 아주 낮은 비율을 나타내는 것이다. 노동조합원의 비율은 집단 행동의 잠재력만을 불완전하게 측정한다. 또한 노조 가입은 마찬가지로 고용의 역학에 영향을 미친다. 즉 노조 가입은 노동력의 범주, 활동 영역, 회사 형태에 따라 다양한 실행을 개입시킨다. 공장은 전통적으로 농업이나 서비스직에 종사하는 사람보다는 노동조합원을 신규 인력으로 더 많이 채용한다. 상대적으로 사무직원보다는 노동자 집단이, 여자보다는 남자가 더 많이 노조에 가입한다. 노동조합원의 비율은 기업 규모에 따라 증가하는 경향을 보인다. 그러나 경제 활동의 변화는 정확하게는 3차 산업으로의 전환, 여성의 경제 활동, 회사의 지사화 동향으로 특징짓는다. 따라서 이러한 성향들은 자발적으로 해당 노동조합을 탈퇴하는 것과 마찬가지로 노조 가입에도 영향을 미친다.

파업을 조직해 조업을 중지한 노동자들에 의해 평가되는 노동쟁의의 양과 중요성은 노조의 전반적인 쇠퇴를 확증하고 있다. 프랑스에서는 안정을 구가하던 50년대에 비해 발생한 분쟁수는 1968-1976년에 점차적으로 증가 양상을 보이다가 80년대에 들어 대부분의 공장에서 노동쟁의의 빈도수와 규모가 하락 양상을 보였다.

이처럼 파업 실행의 감소 사실로 생디칼리슴의 쇠퇴를 결론짓는 것은 섣부른 판단이 될 수 있다. 파업은 노동자들이 마지막 보루로만 사용하는 집단 행동으로 엄청난 비용을 감수해야 하는 방편이다. 또한 파업은 선행하거나 다른 방식을 좇는 것에 따라 다양한 책략 안에 들어간다. 우선 요구 사항을 구성하고, 요구 사항에 관한 협상을 시도하며, 그리고 협상이 실패로 끝나고 힘 관계가 유리하게 작용할 때 파업에 돌입하는 것이다.

리옹의 견직공장 직공에게는 불행한 일로 여겨지는 이러한 맥락은 벨기에처럼 긴밀한 노조 단결을 보여 주고 있는 경우 안에서는 고전적인 구조로 자리잡아 갔다. 따라서 노조가 더욱 약화되고 분열된 양상을 보이고 있는 프랑스에서는 협상 가능한 요구 사항들을 관철시키기 위해 힘을 과시하고 난 후 요구 사항을 제시하는 것으로 마지막 두 단계의 순서를 바꾸는 구조로 구성한다. 마지막으로 노조 역할의 경우는 충동적인 분쟁이 요구 사항에 대해 협상을 형성하는 것보다 먼저 '우발적' 파업에 들어가는 것이다.

따라서 이 지시 체계들은 노동조합의 다양한 책략 양상을 비교하는 것을 필요로 한다.

노동조합의 구조화와 협상 수준

일반적으로 노동조합은 유사한 원리에 따라 조직되지만 국가에 따라 매우 다양한 결합 요소가 추가된다. 아래와 같이 합의에 이르는 단계는 원칙적으로 노조를 규정하는 단계에 일치하지 않는다.

— **지역별 노조**는 지엽적 · 지역적 구역부터 전국적 규모의 노조 연맹에 이르기까지 각 지구의 역사적 특성을 통합하는 노동조합 조직의 일정한 수를 나타낸다. 종종 전국적 규모의 노조에서는 임금 기준을 규정하고, 전체 임금 노동자에 관련된 조건을 협상한다. (일례로 벨기에에서는 이런 노조 활동이 일반적인 일이고, 프랑스에서는 1968년의 그르넬 협정에서 지역별 노조가 활동했다.)

— **직종별 노조**는 가장 전통적인 원리를 표방하면서 영국 생디칼리슴의 토대를 구성한다. TUC(Trade Union Congress; 노동조합회의)는 각 기업 내에서 자유롭게 내세우는 직종별 노동조합을 관리하고 조정한다. 즉 이 노동조합(trade unions)은 기업 안에 있는 여러 가지 직업별 범주를 동일 직종으로 통합해서 교섭력을 갖춘다.

— **산업 영역 혹은 산업 부문별 노조**는 직종별 노조와 때로 그 구성 범위가 혼동되는 경우도 있지만 유럽 대다수 국가의 노동조합의 원리를 나타낸다. 일반적으로 이러한 단계에서는 노조가 임금 수준을 결정하여 규정하는 역할을 한다. 독일 · 덴마크 · 스페인 · 프랑

스 · 그리스 · 이탈리아 · 네덜란드 · 벨기에에서 시행되는 노동조합 유형이다.

—— **기업별 혹은 공장별 노조**는 출발점이면서 단체 행동의 기초를 구성한다. 이 기업별 노조는 영국과 아일랜드를 제외하고는 드물게 단체 협상의 주요 수준을 구축한다. 일본에서는 산업별 노조가 폐지되었고, 사용자의 명령에 따르는 '어용노조(syndicats maisons)' 가 형성되었다.

—— 노동조합은 마찬가지로 '노동자' '사무직원' '임원' **범주**간의 세분화를 야기했다. 이러한 구별은 다른 나라에 비해 영국에서는 드물게 나타난다. 거의 세계 도처에서 육체 노동자와 정신 노동자의 대립은 고위 간부와 일반 임금 노동자 간의 분리에 의해 대체되어 가는 경향을 나타낸다.

벨기에 · 룩셈부르크 · 포르투갈 같은 국가에서는 단체 협약이 동시에 여러 단계에서 이루어진다. 미국에서는 기업의 규정은 종종 자동차 부문 같은 다양한 산업별 노조에 동조한다.

최근에 보편화된 현상은 협상이 기업 수준에서 이루어지는 성향을 보이고 있다는 것이다. 이러한 경향은 생디칼리슴의 약화 징후와 제도적인 조직 체계의 약화를 드러내는 것이라 하겠다. 이로 인해 대부분의 국가에서 협상은 기업 내에만 국한되고 파업 기간과 발생 건수도 급격히 감소하고 있다. 이런 현상의 확장은 집단의 이익과 결정을 구별하는 경향으로 전개되고 있고, 이와 함께 부문별 조항을 위반하는 현상이 비일비재해졌다. 80년대에 들어서는 협약의 특성조차도 변형되었다. 즉 단체 협약은 협상을 벌이기 위한 것으로 여기는 경향이 강해졌다.[5)]

기업 내 혹은 공장에서조차도 자발적인 협상의 전통이 지배하고 있는 영국의 경우에 있어서 이와 매우 다른 양상을 보인다. 그러나 60년대에는 3자 협상과 협약으로 집중된 것을 발견할 수 있다. 70년대에 들어와 사용자 단체는 노조의 이익을 수익에 연결시키려는 시도를 했다. 사용자 단체의 의심스러운 의도에도 불구하고 노동자조합회의는 이 생산성 교섭(productivity bargaining) 형태를 받아들였다. 또한 조직의 지령을 받지 않고 노동자들이 자발적으로 조직한 비동맹파업이 늘어나자 1979년부터 대처가 이끄는 보수주의 정부는 노조의 독점과 권리에 대항하여 공격을 개시했다. 노조에 대한 강경책은 전후 복지 국가(Welfare State) 모델을 지향하여 구성되었던 사회 보호 정책의 폐지로 이어졌다. 몇 년 전부터 일본의 다국적 기업을 모방했던 영국 기업들은 파업에 동참하지 않는다는 조건으로 직원 전체를 대표하는 하나의 노조만을 인정하는 경향을 띠고 있다.

국가의 역할과 합법적 기구의 중요성은 동시에 단체 협상의 양상을 다양화하는 데 기여했다. 국가가 노사 관계에 개입하는 최근의 경향에도 불구하고 아일랜드 같은 연합 왕국은 주의주의(volontarisme)의 전통을 지켜 나가고 있다. 반면 독일과 덴마크의 정부는 노사 협상의 중재와 자율성의 원리를 고수한다.

프랑스에서는 법이 지배적인 역할을 하고 있고, 공권력은 노사 양측 관계자들에게 협약을 체결하도록 격려한다. 그리스 · 이탈리아 · 네덜란드 같은 국가에서는 법률제일주의 노선을 지향하고 있다.

벨기에 · 스페인 · 룩셈부르크 · 포르투갈은 국가가 중재자 역할을 하는 혼합 형태를 띠고 있다. '포드주의' 의 임금 관계 형태와 매우 밀접하게 연결되어 있는 벨기에는 각 영역(기업 · 지부 · 국가)에 노사동수협의제도를 도입했다. 제2차 세계대전이 끝나고 사회연대조약에 의해 시도된 노사간의 협의는 합법적 집회를 자유로이 가질 수 있게

---

5) Jena-Daniel REYNAUD, 〈노동, 노동조합, 직업 관계 Travail, syndicats, relations professionnelles〉, in Henri MENDRAS, Michel VERRET(éd.), 《프랑스 사회학 영역 *Les Champs de la sociologie française*》, Paris, Armand Colin, 1988, p.153-172.

된 반면, 국가의 개입이 없어지게 되면서 국가는 종종 노사 분쟁의 조정자보다는 양측의 타협을 유도하고 있다. 70년대말부터 정부가 '실제적으로(pragmatique)' 개입하는 벨기에 체계는 그 지위가 다소 격감하면서 노사간의 단체 협정은 거의 체결되지 않고 있다. 이에 따라 벨기에 정부는 국가의 개입을 증가시키면서 임금 동결이라는 가차없는 조치를 취하기도 했다. 1985년부터 상황이 좀 나아졌지만 조직에 따르지 않고 노동자들이 자율적으로 조직한 협정의 협약 체계에 대해 그 구속력이 떨어지는 '범위' 경향을 보여 준다.

이렇게 국가적인 특수성에도 불구하고 노사 관계는 거의 대부분의 국가에서 불안정한 상태를 드러내고 있다. 따라서 단체 협약에 대한 위협은 생디칼리슴의 쇠퇴를 증명해 주는 것이라 할 수 있다.

노조와 정당

노조의 책략과 영향력의 차이는 역사적으로 노조가 맺고 있는 정당과의 유지 관계에 밀접하게 연관된다. 마찬가지로 이러한 관점에서 프랑스와 영국은 근본적으로 대립된 입장을 취하고 있다. 이러한 차이는 1906년을 기점으로 분명하게 드러난다. 이 시기에 아미앵헌장은 프랑스 정당에 대하여 노동총동맹의 독립(당시 무정부주의-생디칼리슴의 지배를 받고 있었던)을 선포했다. 따라서 이 시기에 태어난 영국 노동당은 노동자의 이익의 대변자로 지칭되면서 TUC(노동조합회의)의 재정적인 지원을 받게 된다.

이렇게 다양한 조합 가입 비율에 의미를 부여하는 유형을 분류하기 위해서는 국제적인 노조의 비교를 통해 대립 관계를 살펴보아야 한다.

— **아나르코-생디칼리슴**(anarcho-syndicaliste)(라틴어권) 유형: 노조 운동이 정당 외부에서, 혹은 정당에 대항하면서 발전된 유형이다.

프랑스 · 스페인 · 이탈리아에서 이 유형을 지향했다. (그러나 스페인과 이탈리아 두 나라에서는 프랑코 정권과 파시스트 시대 동안 노동조합이 금지되었다.) 수많은 조직간의 경쟁은 정치-종교의 기준(공산주의자 · 사회주의자 · 가톨릭교도)에 그 토대를 둔다. 타협에 적대적인 무정부 생디칼리슴은 조직이 세분화되면서 그 세력이 약화되었다.

—— **앵글로-색슨** 유형: 직종별 노조에 기초를 둔 시기상조의 노조 운동은 정치적 동향을 일으켰다. 이 유형에서는 정당이 노조의 연장이 되고, 직종별 · 산업별 노조의 다양성에도 불구하고 중앙기구가 그 독점권을 차지하게 된다. 노사 관계와 사회 · 정치적 개입, 조합원과의 관계에서 막강한 영향력을 발휘하는 투쟁적인 생디칼리슴이다.

—— **사회민주주의**(social-démocrate) 유형(게르만과 스칸디나비아): 이 경우에서는 이미 존재하고 있는 정치적 범주가 노조 운동을 관리한다. 따라서 집권당과 노조 운동 간의 견고한 결합을 구축하여 기업과 사회의 기구에 참여하는 생디칼리슴이다. 수많은 조합에서 다양한 참여 업무를 담당하고 서비스업 기업과 관계를 맺고 있다.

벨기에 생디칼리슴은 자율성과 라틴 유형의 다원성과 게르만 유형의 힘을 보유하는 중간 단계에 여전히 머물러 있다. 진보한 산업화와 맹렬한 추세의 자유주의의 맥락 안에서 벨기에 노동자 운동은 뒤늦게 조직되었다. 다수 조합원을 보유한 두 개의 노조(사회주의와 가톨릭교를 상호적으로 지향)는 정당의 예속 관계에서 독자적인 독립 노조의 길을 걸었다. 미국의 생디칼리슴은 직종의 전통과 독점권의 실행(수련 기간과 채용의 통제)에 따르는 것에 의해서만 앵글로-색슨 유형에 일치한 양상을 보여 준다. 처음부터 미국 노동조합(American Federation of Labour)은 부녀자와 외국인 노동자 등 미숙련 노동자 조합을 제외한 장인조합의 이익 단체를 금지했다. 30년대 노사간의 대대적인 분쟁은 동일 산업 노동자들을 동일 노조로 묶는 것을 기반으로 하는 연대 조직을 재구성하는 계기가 되었다. 그러나 이 새로운 도약은 제2차 세계대전 직후 반공주의의 대세론에 밀려 무너지고 만다. 사회주의 성향이 미약한 미국 생디칼리슴은 심지어 이민 노동자와 흑인 노동자 조직과도 분리되었다. AFL-CIO(미국 노동총연맹 산업별 회의)는 기업처럼 관리되고 실제적인 이익이라는 특전을 부여하는 실리적 조합주의(business unionism)가 지배적인 운동 논리로 정착되었다.

생디칼리슴과 사회 계층

어떤 상황에서 노동자들은 사회 운동으로 구성하는 데 성공할 수 있는가? 사회 계층이나 한 범주 혹은 하나의 조직된 단체로서 간주되는 '노동자들(ouvriers)' 간에는 어떤 관계가 자리잡고 있는가? 다양한 유형의 생디칼리슴의 관찰을 하다 보면 생디칼리슴의 발전에 대한 다양한 해석과 마주치게 된다. 이 중에서 네 가지 특징적인 개념을 살펴보고자 한다.[6] 여기서 첫번째와 마지막 개념은 요구 사항에 대한 물질적 토대나 혹은 정치적 토대를 강조하고, 다른 두 가지는 계급의 주관적인 구성 요인들을 강조한다.

—— 첫번째 개념은 매우 일반적인 개념으로 반란을 일으키는 단체가 있을 수 있다는 가정하에 **경제적 혹은 사회적인** 다양한 **논리들**을 강조한다. 예를 들어 임금의 부족, 사회 참여의 거부 혹은 지배에 초점을 맞추는 것이다. 그러나 위에서 열거한 이러한 이유로 항시 노동자 집단의 저항이 있던 것은 아니다. 여기서 다음과 같은 문제점을 제기할 수 있다. 노동자의 조건이 하락하는 만큼 노동자 단체는 더욱 막강해질 수 있는가? 반대로 노동자 계층이 부르주아 계층으로 상승

---

6) Alain TOURAINE, Michel WIEVIORKA, 〈노동자 계층과 노동 운동 La classe ouvrière et le mouvement ouvrier〉, in Henri MENDRAS, Michel VERRET, *op. cit.*, p.75-86.

하기 위해서는 노동자의 생활 양식에 변화를 주는 것만으로 충분한가? 역사는 노동자의 저항이 표출되지 않은 상황에서도 매우 불공평한 경우나 극빈한 상태에 직면한 경우가 무수히 많았다는 것을 보여주고 있다.

—— 첫번째 개념이 물질적 부족으로 인한 노동자의 공격을 증명하는 것이라면, 두번째 개념은 실제적으로 **방어적인 동원**(mobilisation défensive)에 대한 규정을 시도한다. 노동자의 폭동을 유발하는 동기로는 물질적 결핍뿐만 아니라 직업과 공동의 문화를 지키려는 노동자 공동의 이해 관계를 언급하여야 한다. 이러한 것은 스그래스탱이 '조합(corportation)' 에 부여한 건설적인 의미이다.[7] 역사는 이에 해당되는 예와 동시에 반증 예를 풍부하게 보여 주고 있다.

—— 세번째 개념은 앞의 두 경우의 교훈을 바탕으로 이루어진 것이라 할 수 있다. 요구 사항이 압력 단체의 수준을 벗어나고, 어떤 동향이 요구 사항을 이어가게 하기 위해서는 단체의 정체성뿐만 아니라 계층의 정체성도 필요하다. 다시 말하면 관계간의 비대칭적인 관계, 즉 계층간의 갈등적인 관계가 분명하게 인식될 때에만 동원이 있게 된다는 논리이다.

—— 네번째 개념은 위의 세 가지 경우와는 반대되는 것으로 단체 행동 이전에 **정치적 요인**(facteurs politiques)이 먼저 자리잡고 있다는 것을 강조한다. 이 경우에서 더 이상 자발적으로 조직되고 정치성이 부여되지 않은 운동이지만 동원을 조건짓는 제도적인 기관과 단체 협상의 메커니즘이 된다.

투렌 · 비예비오르카 · 뒤베는 2,3,4개념에 대한 해석을 통합해 이

---

7) Denis SEGRESTIN, 〈단체 행동에 적합한 공동체 Les communautés pertinentes de l'action collective〉 〈프랑스 노동쟁의에 대한 사회적 토대 연구 초안 Canevas pour l'étude des fondements sociaux des conflits de travail en France〉, 《프랑스 사회학지 *Revue française de sociologie*》, 1980, XXI, 2.

를 바탕으로 더욱 총괄적인 다섯번째 개념을 완성했다.[8] 이들에게 있어서 노동 운동의 형성은 경제적 · 정치적 조건에 의해 결정되는 게 아니라 노동 조직과 노동 관계의 특정 형태에 따라 좌우되는 **노동자 의식**(conscience ouvrière)의 특정 형태에 의해 결정되는 것이다. 그러면 노동자 의식의 구성 요소는 무엇인가?

노동자 의식은 무엇보다도 동일하지 않다는 것이다. 그것은 '자부하는 의식'과 '프롤레타리아 의식' 두 가지 구성 요소를 내포한다. 전형적으로 육체적 노동자의 의식에 속하는 프롤레타리아 의식은 물질적인 결여와 자신의 조건에 대한 궁핍함으로 정의된다. 항상 봉기를 일으킬 준비가 되어 있는 이 의식은 정치적 역량이 부족하고 임금 인상 요구에만 머물러 있다. 이러한 상황에서 동일 직종의 노동자만이 숙련 지식, 자율성을 지키려는 실질적인 이해 관계를 지니게 되는 것이다. 따라서 이들 세 명의 사회학자는 직업에 대해 자부심을 지닌 의식은 노동자 운동의 요인이 된다고 보았다. 그러나 이런 의식과 동떨어진 프롤레타리아 계층의 실제적인 정체성은 직종별 노동조합의 반사 작용과 관련을 맺게 된다.

생디칼리슴이 노동 운동으로 변모되기 위해서는 같은 성격을 띠는 두 단체간의 긴장된 관계를 뛰어넘어야 한다. 다시 말하면 산업 문화와 갈등의 인식 같은 다른 조건들이 결합되어야 한다. 위에서 언급한 노동 운동의 저자들에게 있어서 계층간의 갈등은 적대적인 양상을 지니고 있지 않다. 기업과 노조는 산업 · 노동 · 기술 발전이라는 공통된 가치를 공유한다. 이러한 배경은 그 차이를 명백히 드러내어 한 집단에게 다른 집단이 결합 노동의 산물을 착복하고 있다는 것을 인식하게 해준다.

---

8) Alain TOURAINE, Michel WIEVIORKA, François DUBET, 《노동 운동 *Le Mouvement ouvrier*》, Paris, Fayard, 1984.

좀더 정확하게 표현하면 이러한 배경은 투렌이 1955년 르노공장에서의 작업 업무 개선 분석에서 B항으로 규정한 테일러리즘-포디즘과 같은 특수 조직과 일치한다.(제III장 참조) 가혹한 작업 리듬과 세분화된 작업에 직면한 노동자의 의식을 구성하는 두 축은 접근할 수 있는 것이다. 전문 노동자의 자율성이 명백하게 무시되는 것만큼 노동자들은 미숙련 노동자들과 동맹 관계를 맺게 된다. 그러나 테일러리즘-포디즘 모델이 힘을 잃고, 노동 시장의 조직이 파괴되는 순간부터 노동 운동의 토대도 마찬가지로 분해되고 만다. 이들 사회학자들은 이원적인 사회의 모습에 따라 노동자 계층의 이미지가 기계를 작동하는 화이트칼라 그룹과 하층 지위 그룹으로 나누어진다고 보았다. 이에 따라 집단 운동에서는 산업적인 문화나 대립적 인식, 집단의 정체성의 일치를 끌어낼 수 없게 된다.[9] 결국 투쟁적인 토대가 결핍된 상황에서 생디칼리슴은 개혁주의 모델로 나아갈 수밖에 없는 것이다.

이같은 분석은 특정 부류의 사회학자들이 발전을 제시하기 위해 서술하는 방식에 부합된다. 즉 노동 시장의 상(images), 테일러리즘-포디즘 모델, 향수어린 의식(conscience), 노동자의 지배적인 형상(figures)에 관련되는 것이다. 이 모든 표상은 다양한 정체성을 형성할 수 있고 특정 실행을 지향할 수 있는 것뿐만 아니라 다른 것들을 은폐시킬 수 있는 다양한 양상을 지니고 있다. 예를 들어 포드주의의 일관 조립 원형은 다른 생산 체계에서 공존했던 노동 조직의 변이형을 은폐할 수 있었다.(제II장 참조) 마찬가지로 주동자 그늘에서 부녀자를 포함한 모든 제련소 직공들은 블루칼라나 화이트칼라 노동자에

9) André GORZ, 《프롤레타리아 계층의 종언 *Adieux au prolétariat*》, Paris, Galilée, 1980; Pierre ROSANVALLON, 《노조 문제 *La Question syndicale*》, Paris, Calmann-Lévy, 1988.

관계없이 열심히 일해야 했다. 따라서 이같은 부분적인 표상은 언급하는 것에 관계된 배경의 부분을 이루고 있지만 핵심적인 배경을 부여하지는 않는다. 그리고 이러한 서술은 어떤 상황에 대해서는 정확하게 드러내 주고 있지만, 하나의 법칙을 부여하지는 않는다. 이렇게 모든 단체 행동의 근원을 설명하기 위해서는 역량 있는 요인이나 취약한 요인을 상호간 고려하거나 결합하는 것으로 충분하지 않다. 어떤 운동을 하나의 사건으로 만들 수 있는 구성 요소들은 반드시 일반적인 결정인자들이 아니기 때문이다. 노동자 계층을 작업 형태에 따라 규정한다면, 이 직종이 변형되는 순간부터 노동자 계층은 사라졌다고 결론을 내릴 수 있게 된다.[10] 장인 노동에 대한 향수에 국한되어 장인 계급의 종말 이후부터 노동자 계층의 존재를 포함시킬 수 있을 것이다. 그리고 그것들의 갈망이 변화될 때마다 신진 계층이 탄생한다는 것을 받아들여야 할 것이다. 따라서 노동자 계층이 작업으로 규정되지 않고 작업 환경에 따른 사회적 관계에 의해 규정될 때 노동자 계층의 협상 능력은 감소되었다지만 그 토대는 그렇지 않다는 것을 입증하는 것이다. 다시 말하면 생디칼리슴은 퇴보되었지만, 임금 제도는 확장되었음을 증명하는 것이다.

2. 노동에서 고용으로

전통적으로 노동사회학은 노동 상황과 전문 분야에서부터 노동 활동의 연구를 시작한다. 그러나 노동 조직(제II장)과 자격 제도(제III장)

---

10) Serge MALLET, 《신노동자 계층 *La Nouvelle Classe ouvrière*》, Paris, Seuil, 1963; Pierre BELLEVILLE, 《신노동자 계층 *Une nouvelle classe ouvrière*》, Paris, Julliard, 1963.

에서 이미 노동력의 사용 조건은 지속적으로 직업에 진입하는 조건에 반향한다는 것을 보았다. 노동 시장에서의 긴장된 관계가 분명하게 드러날 때부터 모든 연구 동향은 그러한 긴장 관계에 대한 연구에 전념한다. 학자들마다 의견이 분분한 이런 종류의 고용사회학은 우선 위기의 사회학 도표를 제공한다.[11]

고용의 발전

오늘날 대부분의 산업 국가에 있어서 경제 활동 인구는 임금 노동자의 대다수(80-90퍼센트)로 구성된다. 따라서 임금 제도는 고용의 가장 특징적이고 가장 일반적인 발전을 나타낸다. 한 세기 규모로 명백한 특징을 나타내는 이러한 동향은 국가에 따라 다양한 속도로 전개되었다. 예를 들어 전쟁 직후 영국에서는 이러한 제도가 가속화되었고, 프랑스에서는 그보다 느리게 진척되었다.

임금 제도의 발전은 농업의 쇠퇴와 제3차 산업으로 전환되는 두 가지 성향과 오랫동안 그 발전의 궤를 같이했다. 산업화는 총괄적으로 제1차 산업의 쇠퇴를 상쇄시켰다. 실제로 20세기에 들어와 산업회사들은 서비스업으로 전환되었고, 고용 창출의 90퍼센트는 제3차 산업 분야인 서비스업에 치중했다. 전체 고용이 침체되거나 감소되는 단계에서조차도 이 분야에 종사하는 인원은 계속해서 증가했다. 또한 '화이트칼라' 계층은 증가한 반면 생산노동직공은 상대적이면서 절대적으로 감소 현상을 보여 왔다.

농업 분야의 쇠퇴와 서비스업의 팽창 현상은 모든 OECD 국가에서 30여 년 전부터 지속적으로 나타나는 현상이 되고 있다. 동시에 유

---

11) Margaret MARUANI, Emmanuèle REYNAUD, 《고용사회학 *Sociologie de l'emploi*》, Paris, La Découverte, 1993.

럽 국가에서 공업 분야는 급격히 퇴보하는 현상이 두드러지고 있다. 섬유업과 건설업처럼 여러 분야에서 나타나는 이러한 퇴조 현상은 실제로는 30년대 경제 공황 시기로 거슬러 올라가고, 최근의 타격은 특히 석탄 산업과 제철 산업 분야에 영향을 미치고 있다. 오늘날 유럽 국가의 공업 분야에서 공급되는 일자리는 전체 고용 시장의 3분의 1만을 차지하고 있고, 농업 부문은 평균 고용의 6퍼센트로 감소하고 있다. 따라서 노동 공급(혹은 노동 수요)의 60퍼센트는 3차 산업 분야(그 중 절반은 공공 사업 분야에 치중)에서 흡수하고 있는 것이다.

또한 이 시기는 노동 공급(혹은 노동 수요)이 발달된 시기이기도 하다. 경제 활동 인구는 실제적으로 한 직종에 종사하는 노동자(임금 노동자나 자유업)뿐만 아니라 공식적으로 직업을 구하고 있는 실업자도 포함한다. 따라서 전체 인구와 이동 인구의 통계학적 특징은 경제 활동 인구의 세력을 조건짓는다. 이렇게 전쟁시와 전후 시기에 나타나는 남성 경제 활동 인구의 감소는 여성 인력이나 외국인 노동력을 활용하여 충당하는 게 일반적인 이론이다. 비경제 활동 인구는 고용에 지원하지 않는 사람, 아직 직업에 종사하지 않은 사람(초등학생), 더 이상 일을 할 수 없는 고령자(퇴직자)들 모두를 포함한다. 따라서 경제 활동은 노동 시장의 진입(의무 교육 기간)과 퇴직(퇴직 연령)을 관리하는 실행과 규범에 의해 형상을 띤다. 결국 경제 활동의 중요성 개념을 지니기 위해서는 경제 활동 인구와 이와 견줄 만한 인구――아마도 나이에 의해서만 구별할 수 있을 것이다――를 비교해야 한다. 경제 활동 인구는 보통 경제 활동 인구수와 15-65세에 해당되는 생산 연령 인구 사이의 관계를 따져 정의된다.

20세기 전반 경제 활동 인구의 증가는 전체 인구 증가보다 훨씬 미약하다는 것이 확인되었다. 퇴직 연령의 하락과 학업의 연장은 광범위하게 경제 활동률의 규칙적인 감소 요인이 되었다. 60년대 외국인 노동력의 활용과 전후 태어난 베이비붐(baby boom) 세대의 젊은 세대들이 고용에 참가하면서 퇴직으로 인한 경제 활동 인구의 저하를 상쇄시켜 주었다. 특히 60년대말에는 노동 시장에 여성 인력이 대거 침투됨으로써 경제 활동 인구가 급상승되는 결과를 가져왔다. 이 시기의 인적 자원은 보다 젊은 세대로 교체되면서 다양하고 풍부한 인력으로 구성되었다는 점과 앞세대보다 학력이 높다는 특징을 지니고 있다.

이와 같이 경제 활동 인구 비율은 시기별로 뚜렷한 차이를 보여 준다. 전후 시대에서 1973년에 이르기까지 경제 활동 인구와 경제 활동 참여율이 나란히 발전했다. 소위 '30여 년에 이르는 영광된 시대'는 '완전 고용(plein emploi)'의 단계에 속한 시대라 할 수 있지만, 노동 수요 상황은 모든 인적 자원을 흡수할 수는 없었다. 이 사실은 경제 활동 인구의 소수는 여전히 실업 상태에 내몰렸다는 것을 의미하는 것이다. 1974년 첫번째 유가 파동이 시작되는 시기부터 경제 활동 인구와 경제 활동 참가율 곡선이 다른 분포로 나타나기 시작했고, 특정 지역에는 대량 실업 사태가 야기되기도 했다. 1981년에 나타난 경기 후퇴 국면은 고용 하락을 가속화시키는 결과만 낳았다. 80년대 중반 경제가 회복 국면으로 바뀌면서 이제까지 지배하고 있던 조류가 바뀌기 시작했다. 고용이 다시 상승하면서 전체적인 실업률은 감소하기 시작했고, 1984-1991년에 유럽공동체에서 5백만 개의 고용이 창출되기도 했다.[12] 이 시기에 창출된 고용 중 상당수는 파트타임직으로 구성되었다. 동시에 경제 활동 인구는 8백만으로 증가했고, 주경제 활동 인구가 젊은층으로 채워지면서 오랜 기간 동안 누적되어 왔던 실업률은 더욱 상승하는 결과를 가져왔다. 이때부터 다시

---

12) EC에 관련된 자료로는 Pierre BLAISE, Pierre DESMAREZ, Khalid SEKKAT, 〈유럽공동체의 노동 시장 Le marché du travail dans la Communauté européenne〉, 《CRISP 주간지》, 1992, p.1377-1378.

고용의 부족 현상과 실업률이 재상승하는 직면에 접어들었고, 이같은 현상은 경제 위기에서 빠져나올 수 있다는 희망을 격감시키는 요인이 되었다.

노동 시장

노동의 공급과 수요는 재화와 서비스로 구성된 자유 시장 개념을 본뜬 고용의 고전적인 시장 원리를 지니고 있다. 이러한 관점에서 균형 지점에 일치하기 위해서는 공급과 수요가 상호간 독립적으로 형성되어야 할 것이다. 재화와 서비스의 교환에 관해서 논의할 수 있는 이러한 개념은 고용역학의 관점에서 볼 때 적합하지 않은 개념이 된다.

임금 노동자의 상호 교환이 불가능하고 노동 시장의 규제가 결여되어 있는 상황에서 노동력 수요와 공급은 상호간 자율적이지도 독립적으로도 운영되지 않는다. 이런 상황에서 투자의 선택과 회사의 확장은 지역적인 자원을 고려해서 이루어져야 한다. 이렇게 서유럽 국가의 산업화는 우선 계획을 변형시켜 모든 지중해 연안 지역을 채용 예비 지역으로 남겨두었다. 이같은 '노동력 공급 계획'은 고용 형태를 구별짓는 것에 이른다. 이러한 차이에 대한 분석은 노동 시장 **분절**론(segmentation)에 그 토대를 둔다. M. 피어리 같은 사회학자는 **이중 노동 시장 이론**(thèse dualiste)의 구조를 밝히면서 본질적으로 두 개의 노동 시장이 차별적으로 분리되어 있다고 주장했다.[13] 피어리에 따르면 1차 노동 시장(march primaire)은 높은 임금과 보다 나은 조건의 경력을 소지할 능력과 사회적 이득을 지니고 있는 안정된 고용 관계를 제

---

13) Suzanne BERGER, Michael J. PIORE, 《산업 사회의 이중성과 불연속성 *Dualism and Discontinuity in Industrial Societies*》, Cambridge, Cambridge University Press, 1980.

시하는 시장으로, 우선적으로 풍부한 직업 경력을 지니고 있는 남성에게 부여되는 시장이다. 반대로 2차 노동 시장(march secondaire)은 불안정한 고용 관계, 열악한 노동 조건의 저임금 노동자가 차지하고 있는 부문을 의미한다. 따라서 이 2차 부문에서는 여성 노동자, 젊은이, 외국인 노동자가 배치된다. 이 이중 노동 시장에서의 임금 격차는 결국 사회적 · 직업적인 면의 불평등을 양산한다.

노동 시장의 이중성은 한정된 기간에 회사의 채용 전략의 집중된 효과를 언급하는 데 관련성이 있다. 이 논제는 노동력의 다기능성을 지닌 내부 시장과 불안정한 고용 관계의 특징으로 나타나는 외부 노동 시장을 결합한 노동의 유연한 조직 안에서 실제의 현안점을 발견한다.(제II장 참조) 그러나 이러한 대립은 경제 위기가 나타나는 시기부터 증가하여 취약한 상황으로 고착화되는 경향이 있다. 실제로 1차 노동 시장이 2차 시장으로 되지 않는다고 그 어떤 것도 예측할 수는 없다.

노동자들간의 차이를 이용한 고용의 정의, 직무 형태, 기능 분류는 그것들을 재생시키거나 변형시키는 데 기여한다. 단순한 이중 노동 시장론에서 벗어난 노동 시장의 분절 과정은 연령 · 성 · 교육 훈련 형태 · 국적 등 다양한 기준에 따라 분리한다. 이때부터 동일하고 유연한 노동 시장과 분리된 노동 시장 대신 재조직될 수 있는 유연한 다양한 노동 시장망이 형성될 수 있게 된다.

실업, 경제 위기

기본적으로 실업 문제는 임금 제도와 관련을 맺고 있다. 노동력이 매매되는 순간부터 노동력은 실제로 구매자를 발견하지 못할 위험성이 내재되어 있다.

제2차 세계대전 직후부터 모든 산업 국가의 실업 형태는 다음과 같이 세 가지 국면으로 특징지을 수 있다. 1945-1960년에는 경제 활동 인구의 평균 1.5퍼센트에 이르는 극소수 인구만이 전체적인 경제 정세에 따라 순환하는 '경기적' 실업 상태에 있었다. 70년대의 실업 비율은 OECD 전체 회원 국가에서 2-3퍼센트대의 변동을 보이며 상승하기 시작했다. 여기에 노동력의 부족이 공존하는 데 반해, 노동력 이동에 따른(노동 시장의 진입과 퇴출) 단기간의 실업 상태가 증가하는 '마찰' 실업이 추가되었다. 1974년에 경제 위기가 시작되면서 실업률은 4.5퍼센트를 넘어섰고, 이 현상은 지역적 실업 상태로 이어졌다. 경제가 회복 상태로 돌아섬에도 불구하고 실업의 증가는 계속 이어졌고, 1982년에는 8.5퍼센트까지 올라갔다. 1985년 유럽 국가의 실업률은 10.5퍼센트로 상승했는데, 1991년에는 그 상승세가 8.5퍼센트까지 낮춰졌다. 이 시기에 일본의 경제 활동 인구 중 3퍼센트 미만이 실업 상태에 있는 것에 비해, 미국에서는 평균적으로 7퍼센트의 인구가 실업 상태에 있었다.

세계 각국의 실업률에 대한 비교는 매우 미묘한 문제를 지니고 있다. 실업에 적합한 정의조차 시대나 국가에 따라 다르게 나타나는 특수 상황(교육을 결합시키는 방식 · 고용 · 사회 정치)을 포함하기 때문이다. 또한 경제 활동이나 비경제 활동의 특수 형태(일본 여성의 경제 활동의 은퇴, 이탈리아의 무정형 경제, 불법 노동, 자발적 실업, 조기 은퇴, 교육 훈련의 복귀 등), 위장 실업 형태를 구성할 수 있다. 고용통계학의 산술적인 해석에 따르면 실업은 노동 공급의 과잉으로 유래하는 것이다. 고용이 정체되는 데 반해 경제 활동 인구가 증가한다는 것은 당연히 직업에 종사하지 않는 경제 활동 인구가 많다는 결론이 난다. 따라서 인구 통계의 증가와 여성 경제 활동 참가자수의 증가는 실업이 상승하는 두 가지 주요인이 되고 있다. 이같은 논리는 마찬가지로 외국 노동자의 유입으로 노동 시장의 균형을 다시 회복시킬 수 있다고 추정하는 논리로 이어진다.

이 점을 더욱 세밀히 살펴보면 노동 공급의 진전이 실업의 급작스러운 상승 원인으로 볼 수 없다는 것을 입증하는 것이다. 이에 대한 예로 특히 프랑스의 경제 활동 인구는 1968-1975년에 급상승했지만, 그 이유로 노동 시장의 어떤 혼란도 야기되지 않았다는 점과 1980-1984년 사이에 영국의 경제 활동 인구가 서서히 증가했음에도 불구하고 실업률은 급상승했다는 점을 들 수 있다.[14]

실업의 원인을 노동력 과잉 탓으로 돌리는 것은, 여전히 노동 시장이 자율적인 공급과 수요 간의 균형이 이루어지는 장소라는 논리를 견지하는 것이다. 이같은 주장은 결국 이 원리에 따라 모든 구직자가 합리적인 태도를 보인다면 공급과 수요 간의 불균형은 조정된다는 논리에 이르게 된다. 따라서 노동 수요자가 최저임금을 받고 노동력을 제공하는 노동 시장의 조건에 순응한다는 것을 의미하는 것이다. 이 논리에 대한 변수는 노동 공급의 양과 질을 동시에 언급하는 것으로 구성하는 것이다. 여기서는 실업자의 능력, '공장의 요구'에 불충분한 조건과 부족한 수련 기간, 적합하지 않은 품행 등에 대해 비난하는 태도를 취하게 된다는 논리로 이런 단순한 원리로는 분석 논리에 맞설 수 없다.

경제 정세가 고용에 유리한 만큼 노동 시장은 학력이 낮거나 불리한 조건에 놓인 소수의 실업자들을 희생시키면서 실제적으로 가장 '유능한' 노동력을 선별하게 된다. 실업이 확장되고 일반화되는 순간부터 선별의 추가 기준은 영향력을 발휘하게 된다.[15] 따라서 나이와 성이 고용 차별의 원천이 되고, 선발 과정은 실업 기간과 고용 자격에 영향을 미치게 되는 것이다. 경제 위기에 직면하게 되면서부터

---

14) Jacques FREYSSINET, 《실업 *Le Chômage*》, Paris, La Découverte, 1991.

15) Raymond LEDRUT, 《실업의 사회학 *Sociologie du chômage*》, Paris, PUF, 1966.

여성 인구와 젊은이들이 실업자로 내몰릴 확률이 높아지게 된다. 그러나 젊은이들은 다른 경제 활동 인구보다 학력이 높고, 포괄적으로는 여성 실업자가 남성 실업자보다 학력이 높다. 마찬가지로 실직 상태에 직면한 대다수는 직장에서 해고된 경우이거나 노동 계약이 만료된 경우에 해당된다. 따라서 노동 공급의 특성과 중요성은 오히려 노동력의 동향을 구조화하는 경향으로 나타난다.

직업 세계에 진입해 들어가는 젊은이들의 추이

경제 활동 인구의 행동으로 노동 시장의 긴장을 설명하려고 하는 시도는, 특히 젊은층 노동 인구에 대해서 다양한 논쟁을 불러일으키곤 한다. 우선 젊은 실업자수의 증가 원인으로 젊은이들의 직업의 가치와 1968년 5월 혁명 이후 지속되고 있는 젊은이들의 반체제 성향에 대한 불만으로 보는 경우이다. 그러나 1974년 루슬레에 의해 발표되고, 언론 매체에 의해 다시 다루어진 '노동에 대한 반감' 에 관한 논제는 과학적인 조사 실험에 대응하지 못했다. 균일하게 밝은 이미지를 제시하는 대신 젊은 실업자들은 자신들의 어려운 상황을 감추지 않으면서 직업을 찾으려는 열의를 보여 주었다.

또한 이중 노동 시장론을 심리학적인 용어로 재해석한 논리로 보는 경우이다. 이러한 관점에서 안정된 고용과 불안정한 고용 사이의 이분법은 이원론적인 사회의 가치에 부합된다. '보잘것없는 작업,' '교대' 작업, 무정형의 경제, '결합' 부문은 젊은이들의 새로운 갈망에 부응한 것이다. 모든 임시직은 '경제 활동의 참여' 요구를 만족시키기 위해 2차 노동 시장에 의해 제공된다.[16] 개인적 동기에 의하여

16) ADRET, 《제정 법안, 2교대 작업》, Paris, Seuil, 1977; Ivan ILLICH, 《창조적 실업 *Le Chômage créateur*》, Paris, Seuil, 1977.

전체 구조의 파괴를 해석하는 이 방식은 다시 원인에 대한 결과를 부여하는 방식이다. 관계자 집단이 개혁에 기여하는 방식을 이해하고자 한다면 적어도 새로운 것에 대한 역량에 관해 자문해 보아야 하고, 문제가 된 집단의 타당성에 의문을 가져야 한다. 그러나 사회사는 노동에 대한 반감 태도는 현대의 관심거리에서 동떨어진 문제라는 것을 잘 드러내 주고 있다. 더욱이 최근의 조사는 노동에 대한 양면성이 일반적으로 경제 활동에 참여하고 있는 사람이나 그렇지 않은 사람, 젊은이, 노인에 상관없이 모든 노동력 인구에 의해 공유되고 있다는 것을 확인시켜 주고 있다.[17]

일반적으로 젊은이의 실업은 '청년' 의 사회학적 정의에 의해 제기된 이론적인 문제점을 되풀이하고 있을 뿐이다.[18] 그렇다면 여기서의 청년은 연령 · 세대와의 관련성뿐만 아니라 노동 시장에 처음으로 접촉한 것과 관련을 맺고 있는 것으로 보는 것인가?

세계 젊은이들의 경제 활동 참가율에 대한 비교를 통해 보면 실제로 매우 다양한 학업 의무 기간 양상이 드러나는 것을 알 수 있다. 유럽공동체 국가 내에서조차도 15-24세에 속한 젊은층에 대해 동일한 의미를 부여하지 않고 있다. 1991년에는 평균적으로 이 연령대의 40퍼센트 이상이 여전히 학교에 다니고 있다는 통계가 나왔다. 그러나 26.4퍼센트(영국)와 63.3퍼센트(벨기에)의 큰 격차를 보여 주는 것처럼 국가간의 차이는 매우 크다. 분명히 경제 활동 비율은 반대로 취학 인구율에 비례하고, 경제 활동 비율의 변화와 관련을 맺고 있다는 것을 알 수 있다.

---

17) Danièle LINHART, 《사이렌 호출 혹은 노동 습관 *L'appel de la Sirène ou l'accoutumance au travail*》, Paris, Le Sycomore, 1981.

18) Pierre BOURDIEU, 〈'청년' 은 단지 하나의 단어일 뿐이다 La 'jeunesse' n'est qu'un mot〉, 《사회학 문제 *Questions de sociologie*》, Paris, éd. de Minuit, 1980, p.143-154.

그리고 성별간의 비교는 젊은이들의 특징이 세대의 이미지와 동일하다는 것을 시사한다. 이렇게 남성과 여성 간의 경제 활동 비율의 차이는 기성 세대에 비해 젊은 세대에서는 크게 두드러지지 않고, 그 차이가 갈수록 완화되는 경향을 보인다. 그러나 청년층의 실업률에 있어서는 남성보다는 여성이 높게 나타났고, 몇몇 나라에서는 이 간격이 심화되는 경향을 보이고 있다.

일자리를 찾고 있는 젊은이들의 수와 실직 상태에 있는 상당수 젊은이들은 경제 위기의 대응에 취약한 개인적인 결점에 주의를 기울이고 있다. 예를 들어 프랑스에서는 80년대 중반 취업자 중 4분의 1 가량이 실업자로 전락했고, 실업자의 40퍼센트가 젊은이들이었다.

1985년부터 전체 유럽공동체 국가에서 젊은이들의 실업이 전체 실업보다 급속도로 줄어들고 있다. 그러나 1992년에 젊은이들의 실업률이 18퍼센트에 이르렀는데, 이는 전체 경제 활동 인구보다 2배나 높게 나타난 수치이다. 실제로 1985-1989년 유럽공동체 국가의 전반적인 실업 감소는 완전히 젊은이들(적어도 1백만 명의 젊은 남성과 60만 명의 젊은 여성)에 의한 것으로 나타났다. 거의 보편적인 현상으로 나타나고 있는 이러한 동향은 '젊은 세대'의 특징을 부여하는 것이라 할 수 있다. 나이에 의해 명백히 드러나는 이러한 범주는 실업 양상에 있어서 끊임없이 큰 변동이 있다는 것을 나타내 주고, 실업에 직면했다가 다른 세대에 비해 취업되는 속도가 빠르다는 것을 보여 주고 있다. 젊은이들의 우선적인 고용은 마찬가지로 실업의 위기에 첫번째로 그 표적이 된다는 것을 의미한다. 직업 진입 양상의 불안정성은 경제 위기가 확대되는 것과 마찬가지로 이미 오래 전부터 지속되어 온 성향이다. 이 기간 동안에 성별과 사회 출신, 개인의 경력에 따라 분류, 설명하려고 시도하는 연구 조사들이 증가했다. 일반적인 학업 기간에 비해 2-5년 학업을 연장하는 젊은이들이 늘어난 것도 90년대에 나타난 특징이라 할 수 있다. 경제 활동의 진입 시기와 연령을 분리하기 어려운데도 불구하고 초심자의 무경험과 이동성을 연결시키려고 하는 시도를 했다. 이때 젊은이들의 경제 활동 참가로의 진입은 '직업적인 이행'의 특별한 경우로 나타난다.[19] 이러한 관점에서 연구 분석은 모든 비경제 활동 인구의 취업 실행 과정의 분석을 행한다. 이렇게 직업으로의 공적 · 사적인 이행 장치(실습, 교대로 이어지는 양성 기간 등)는 기업에 직원 채용에 대한 원조를 제공하고, 노동력의 유동성을 강조하고 불안정한 고용 관계를 일반화시키는 데 기여한다.[20]

여성 경제 활동의 특성

20세기를 통틀어 남성의 경제 활동 참가율이 지속적인 감소를 보이고 있는 것에 반해, 여성의 경제 활동 참가율은 20세기 초반에만 감소 현상을 보이다가 60년대에 들어서면서 상승하기 시작하였다. 따라서 1929년의 경제 공황에서 나타난 것처럼 경제 후퇴가 여성들을 대대적으로 비경제 활동 인구로 유발시켰다는 주장은 설득력이 없다.

이같이 25세 미만의 젊은층과 54세 이상의 노년층 여성의 경제 활동 참가율은 남성의 경제 활동 참가율과 마찬가지로 지속적으로 줄어들고 있기에, 여성의 경제 활동 참여율의 전반적인 증가는 25-54세에 속하는 여성에 해당되는 것이라 할 수 있다. 따라서 연령에 따

---

19) José ROSE, 《직업의 이행 조직에 대한 분석 *Pour une analyse de l'organisation de la transition professionnelle*》, 《고용, 경제적 · 사회적 목적 *L'Emploi, enjeux économiques et sociaux*》, 《*Colloque de Dourdan*》, Paris, Maspéro, 1992, p.212-229.

20) 직업의 진입에 대한 연구로는 Lucie TANGUY(éd), 《교육 훈련과 고용이라는 유례 없는 관계 *L'Introuvable relation formation/emploi*》, *op. cit.*, p.35-88 참조.

른 여성 경제 활동 참가율의 분포도는 변화하는 경향을 드러낸다. 전통적으로 여성 경제 활동 참가율의 분포도는 25-45세의 연령대가 움푹 들어간 형태인 '미르달의 이봉 분포 곡선(courbe bimodale)' 형태를 나타내고, 그것은 자녀를 둔 대다수의 여성들이 육아를 위해 일시적으로 일을 그만두는 시기와 일치한다.

따라서 이러한 굴곡 형세는 국가별로 다양한 양상을 보이는데, 프랑스에서는 이 형세가 약화되는 추세이다. 덴마크에서 이 움푹 들어간 지대는 실제적으로 사라진 반면, 네덜란드에서 경제 활동을 재개하는 단계는 거의 존재하지 않는다.

실제적으로 유럽 국가에서는 평균적으로 남성 인구의 4분의 3과 여성 인구의 절반에 해당되는 노동 인구가 제시된다. 이 수치는 대략 여성 인구의 40퍼센트가 경제 활동을 하고 있고, 절반 이상이 실업 상태에 있다는 것을 나타내 준다. 유럽 국가에서 영국(비경제 활동과 유사한 파트타임직을 향해 구부러진 곡선이 감소하는 것은 실업과 경제 활동 상태가 교대로 이루어지는 것이라 할 수 있다)을 제외하고 평균적으로 여성의 실업률이 항상 남성 실업률을 앞지르고 있다. 또한 실업의 감소 시기는 일반적으로 여성보다는 남성에게 유리하게 작용한다.

아이가 없는 젊은 여성의 경제 활동 참가율은 60-80퍼센트로 남성의 경제 활동 참가율에 접근하고 있다. 이 도표는 또한 0-4세의 유아나 5-9세의 취학 아동을 둔 기혼 여성이 경제 활동을 하는 데 있어서 거의 영향을 받지 않는다는 것을 보여 주고 있다. 따라서 기혼 여성의 경제 활동은 학업 기간의 지속과 중단에 많은 영향을 받고 있음을 알 수 있다.

여성들의 대대적인 경제 활동 진출에도 불구하고 고용 진입과 전문 직종 형태의 관점에서 볼 때 여성의 경제 활동 참여는 여전히 열악한 상태에 머물러 있는 것을 볼 수 있다. 또한 유사한 가족 상황도 남성에게는 성공의 조건이 되지만 여성에게는 불리한 조건이 되고 있다.

사용자의 입장에서 보면 기혼 남성은 안정된 노동력의 지표를 구성하는 것이지만, 그 반대로 기혼 여성은 결근할 위험이 있는 노동자로 제시된다.

이외에도 노동 시장에서 성별에 따라 종사하는 직업간 분명한 차이가 나타나는 것으로 확인되었다. 산업 분야별 관점에서 여성들은 서비스 직종에서 월등히 높게 나타나는 것을 확인할 수 있다. 여성들은 10여 개 산업 분야에 종사하고 있는 것으로 나타났다. 3분의 2에 해당되는 여성들이 '전형적인 여성 직종' 으로 간주되는 20여 개 미만의 직종에 종사하고, 종종 3분의 1의 여성들은 예로 비서나 타이피스트 같은 단순 직종에 종사하는 것으로 나타났다. 이같은 사실은 성별간 공평한 직종의 배치가 이루어지기 위해서는 경제 활동 인구의 절반 이상이 직종을 바꾸어야 한다는 것을 의미한다.

성별에 따른 직종의 차별은 또한 성차별을 야기한다. '동일 노동, 동일 임금' 의 원칙을 따르는 것은 여성들이 남성들과 거의 같은 직종에 종사하도록 통제하는 것만큼 어려운 일이다. 이와 같이 여성의 경제 활동 참가는 고용의 비정형적인 형태에 의해 많은 영향을 받는다. 마찬가지로 임금 노동자가 종사하는 사무직의 고용 형태는 임시직과 파트타임직의 계약직(종종 이 두 형태는 동일한 상황으로 간주한다)이 주를 이루고 있다. OECD 회원 국가 중 파트타임과 임시직에 종사하는 여성 노동자의 비율은 평균 4분의 3에 이르고 있다. 스칸디나비아 국가와 앵글로색슨 국가의 파트타임 노동자 중 남성의 비율은 10퍼센트 미만인 것에 비해 여성의 비율은 50퍼센트 이상을 웃돌고 있다.

심리학적인 해석에 따르면 파트타임직이 발전되는 현상은 여성의 동기성과 구직이 우선적인 원인이라고 평가하고 있다. 특히 여론 조사가 파트타임직에 대한 직업 만족에 관해 조사를 실시할 때 이론적으로 제시하는 데 어려움이 따른다는 것은 이러한 사실을 잘 반영하고 있는 것이다.[21] 또한 직업의 진입 연구와 실제적인 실무에 대한 조사에서 대부분의 경우 어쩔 수 없는 상황으로 파트타임직에 종사하고 있다는 것이 드러났다. 프랑스의 경우 기업에서 여성 직원에게 파트타임직으로 전환할 것을 제안했을 때 극소수(최대 10퍼센트)만이 실제로 파트타임직으로 옮겼다는 사실은 위의 조사를 더욱 확고히 해주고 있다.[22)]

그러면 파트타임직은 가사 노동과 직장일로 이중 노동에 시달리는 여성의 하루분의 노동량을 격감시켜 주는가? 수많은 조사 연구들은 풀타임직에서 파트타임직으로 전환할 때 불리한 점이 많다는 것을 알려 주고 있다. 아마도 자녀를 둔 많은 수의 여성이 파트타임직을 선호할 것이다. 그러나 이들의 임금 손실은 단순히 자유 시간을 얻은 것만으로는 보상되지 않는다. 일반적으로 이렇게 얻은 시간의 여유는 가사 노동으로 소비되기 때문이다. 실제로 파트타임 여성 노동자는 예전에 직장에 할애했던 시간을 가족을 부양하는 데 쓰고 있다.

파트타임 직종에 종사하는 여성 근로자의 비율이 높아지고 있다는 것을 여성들이 일보다는 자녀 양육에 우선권을 부여하는 경향으로 볼 수 있는지에 대한 문제점이 제기된다. 이에 대한 답변으로 영국과 프랑스 여성의 직업 활동을 비교하여 살펴보고자 한다. 일반적으로 영국의 여성들은 결혼 전에만 풀타임 근무를 하고 결혼 후에는 모든 직업 활동을 접었다가, 아이들이 어느 정도 성장한 후에 파트타임직에 다시 종사하는 경향을 띠고 있다. 반면 프랑스에서는 여성들이 경제

---

21) Pierre BOURDIEU, 〈진정한 여론은 존재하지 않는다 L'opinion publique n'existe pas〉, 《사회학의 문제점 *Questions de sociologie*》, Paris, *op. cit.*, p.222-235.: François de SINGLY, 《조사와 그 방식 *L'Enquête et ses méthodes*》: 《질문지법 *le questionnaire*》, Paris, Nathan, 1992.

22) Margaret MARUANI, Chantal NICOLE, 《기혼 여성의 노동 현황 *Au labeur des dames*》 《남성 직종, 여성 고용 *Métiers masculins, emplois féminins*》, Paris, Syros/Alternatives, 1989.

활동을 중단하는 비율과 파트타임직에 종사하는 비율이 점차로 감소하다가 남성의 경제 활동 궤도에 더 근접한 궤도를 따라가고 있는 경향을 보여 주고 있다. 이같은 비교로 영국 여성의 모성애가 프랑스 여성의 모성애를 앞서고 있는 것으로 결론을 내릴 수 있을 것인가? 이보다는 더 세밀한 비교를 통해 두 나라 여성의 경제 활동 문제는 갈망의 용어가 아닌 억압과 재원의 용어로 제시된다는 것을 나타내는 것이라 할 수 있다.

여성의 경제 활동 참가율과 전체 고용에서 여성이 차지하는 부분은 프랑스보다 영국에서 높게 나타난다. 그리고 특히 여성의 파트타임 비율과 실업은 두 나라간 분명한 차이를 드러내고 있다. 프랑스를 비롯한 다른 유럽 국가에 비해 영국 여성의 실업률과 남성의 실업률은 낮게 나타난다. 아마도 이런 유리한 상황은 고용의 특성에서 기인한 것이라 할 수 있다. 영국 여성 노동자의 50퍼센트(프랑스는 3분의 1)가 파트타임 업무에 종사하고 있는데, 이같이 영국에서의 파트타임 노동자의 급상승은 사회 보장 제도의 감소와 임금 노동자의 불안정성에 연유된다. 더욱이 영국에서는 채용과 임금에서 성차별이 지속되고 있어 최근의 규제를 타파하려고 시도하고 있다.[23]

M.-A. 바레르-모리송이 환기시킨 것처럼 혼인법(marriage bar)의 법규는 오랜 세월 영국 여성들에게 결혼한 순간부터 직업을 포기해야 한다는 것을 강제했다.[24] 이로 인해 영국에서는 육아 체계가 거의 존재하지 않게 되고, 정부에서 지급되는 매우 적은 액수에 해당되는 가족 보조금은 전체적 혹은 부분적으로 노동 시장에서 주부가 설 자리를 빼앗는 결과를 낳고 말았다. 결국 영국에서 육아는 주부의 개인

23) François EYRAUD, 《영국에서의 노동과 노동자 *Travail et travailleurs en Grande-Bretagne*》, Paris, La Découverte, 1985.

24) Marie-Agnès BARRÈRE-MAURISSON, 《가족의 분업 *La Division familiale du travail*》 《이중 생활 *La vie en double*》, Paris, PUF, 1992.

적인 일로 간주되면서, 기혼 여성이 할 수 있는 일은 보조 작업 같은 단순 직종으로만 한정되는 것이다.

이와 달리 프랑스의 육아 체계는 여성들이 결혼 후에도 경제 활동을 계속할 수 있도록 하는 것에 주안점을 둔다. 실제로 프랑스 여성들의 경제 활동은 연령 곡선을 따르지 않는다. 특히 25세 미만의 여성과 49세 이상의 여성들은 파트타임에 종사하는 비율이 높고, 이러한 성향은 더욱 강세 현상을 보이고 있다. 프랑스에서는 경제 침체 직후에만 파트타임직의 비율이 증가되었고, 프랑스 여성들은 실직을 면하기 위해서만 파트타임 업종을 '선택하는(choisissent)' 것으로 나타났다. 실제로 프랑스 여성은 노동 시장에 풀타임직을 신청하는 것으로 나타났다.[25]

이렇듯 노동 시장에 관한 행동 연구는 일과 '일 외적인 것' 사이의 관계에 대해 의문을 품게 하고, 가족적인 분업의 '사회적인(sociéta-les)' 형태를 대조하는 것으로 이끈다.[26]

고용의 유연성, 실업의 경직성

고용량이 부족해 실업이 발생한다면, 고용 창출이 실업난을 해소시키지 못한다는 사실은 어떻게 설명해야 할까? 전체 실업이 2퍼센트대로 감소했는데도 불구하고 1985-1990년 장기간 지속된 만성 실업 상태의 원인은 어디에 있는 것인가? 이러한 상황은 유럽에만 한정된 게 아니라 실업의 메커니즘과 고용 창출의 특성에 관련되는 '왜곡된 효과'로 설명될 수 있다.

노동 시장에 새로 진입한 입직자들은 물론 고용 수요를 과잉 배출

---

25) Margaret MARUANI, Chantal NICOLE, *op. cit.*
26) Marie-Agnès BARRÈRE-MAURISSON, *op. cit.*, p.209-218.

한다. 실업이 대기하는 줄과 흡사한 것은 첫번째로 도착한 사람이 종종 마지막으로 서비스를 제공받는 전도된 현상이 나타나기 때문이다. 실제로 장기 실업자는 취업하는 데 있어서 난관에 봉착한다. 실업의 궁지에 빠지는 것은 남성 노동자나 여성 노동자 모두에게 위협이 되지만 특히 저학력, 미숙련 노동자, 외국인 노동자에게 더 많은 위협을 가하고 있다.

직업의 진입에 대한 연구는 고용의 이동성과 불안정성을 분명히 명시해 준다. 실업, 한정된 기간 내에 일을 하는 계약직, 임시직, 수습생에서 탈피하는 방법은 마찬가지로 계속 되풀이되어 일어나는 현상이다.

창출된 신규 직종이 저임금 직종으로 전락되는 순간부터 실업 퇴치 정책은 한계에 부딪친다. 1980년대 제시된 고용의 유연성은 실업의 증가를 억제하는 데 이르지는 못했다.

동시에 3차 산업 분야의 증가는 숙련 직종의 후퇴를 야기했다. 서비스 분야에 종사하는 노동력의 50퍼센트 이상이 실제로 중소기업연합회(PME)에 종사한다. 그러나 중소기업연합회는 일반적으로 대기업보다는 불리한 임금 조건과 고용 계약을 제시한다. 공업 분야에서 서비스 업종으로의 전환을 유리하게 하는 하청업은 또한 유연성 효과를 증대시키는 데 기여했다고 할 수 있다.(제II장 참조)

여기서 노동자의 범주 혹은 노동 생활 영역을 구분하는 불안정한 고용은 하나의 규범으로 자리잡을 수 있는지에 대한 문제점을 제기할 수 있다. 이 경우 임금 제도의 확장은 결국 임금 노동의 불안정성을 보편화시키고 특징짓는 역할로만 그치고 말 것이라는 바를 드러내고 있다.

결 론

1959년부터 발행한 《노동사회학》지의 연구 결과는 국제적인 반향을 일으켰다. 이에 《노동사회학》지는 발행 30주년을 축하하는 즈음에 기사 목록을 재검토해 표제별로 분류하는 작업을 시도하게 된다. 3분기로 나눈 기사난에 사용된 색인은 우선적으로 중시된 테마의 변화를 잘 보여 준다. 따라서 본서는 IV장에 걸쳐 제시된 광범위한 연구를 완결하고, 그 미묘한 차이에 대해 분석하고 확인하기 위해 관련된 도구를 제시했다. 다음의 도표는 테마의 지속 시기(첫번째 칸), 뒤늦게 다루어진 테마(두번째 칸), 짧은 기간 동안 이슈가 되었던 테마(세번째 칸), 표제(마지막 칸)를 재구성한 것이다. 이같은 범주 이외에 다양한 시대 성향들을 끌어내기 위해서는 종종 기사 자체 내용을 재검토하는 연구가 수반되어야 할 것이다.

이 도표는 1980년대에 여러 가지 변화가 있었음을 매우 명확하게 보여 주고 있다. 우선 70년대 자취를 감추었던 노동자 계층이 다른 계층 사이에 하나의 '사회 집단(groupe social)' 형태로 다시 표면 위로 떠오른 반면, 줄곧 특집난으로 다루어졌던 기업은 관심 대상에서 멀어진 시기이기도 하다. 그러나 기업은 여전히 잡지 대부분의 표제를 장식했고, 1986년에는 특별호의 대상이 되기도 했다.

이같은 변화 경로에 따라 자격 제도는 작업의 인식과 능력에 대한 기사 옆 자율 항목 안에 뒤이어 다루어졌다. 그러나 전에도 자격 제도는 교육 훈련과 임금 관점에서 검토되었고, 1973년에 발행된 특별호 1호에서 다룬 테마이다. 이러한 동향은 1,2차 시기에 만연되어 있던 제반 기술적인 문제에 접근한 것이지만, 결국은 특별호로 현대적

1959-1972	1973-1979	1980-1989
사회 운동 직업 노사 관계 생디칼리슴 노조 행위 요구		사회 운동, 집단 행동 직업, 직종 노사 관계, 협정, 참여 생디칼리슴과 요구
조직 이론 기업과 조직 산업화와 사회 산업과 사회 임금 양식 교육 훈련 문제 사회 계층 가치 체계와 사회 도시와 도시화		조직, 분업 지역 생활, 자연적인 발전, 환경
사용주 노동자 계층		경영자, 사용주 회사 집단(고위 관리층, 중간 관리층, 노동자)
관료주의 개혁 청년층과 학생 문제 중재		국가, 공공 정책, 산업 정책, 기술, 과학 노동(내용, 분석, 표상) 자격 제도, 숙련 지식, 능력 고용, 실업, 노동 시장 기관(대학, 법원, 경찰) 이론, 방법론, 인식론

인 관점으로 다루어졌다.

특히 자격 제도에 대한 이같은 접근 관점은 노동사회학의 가장 기본적인 개념에 적용되는 것이라 할 수 있다. 실제로 1980년대에는 분업(조직과 함께)을 특별 기사난에서 다루면서 노동 자체를 다루는 파격적인 면을 보여 주었다. 매우 세부적으로 다룬 노동 개념은 인간

공학자들과 사회심리학자들의 연구를 결합하여 해석한 것을 토대로 노동의 내용과 표상의 관점으로 분석되었다. 노동과 고용의 명백한 분리는 노동사회학에서 지향하는 이 두 가지 사항간의 단절이 이루어졌다는 것을 시사한다. 그리고 이같은 단절은 명확히 한정되지 않은 채 기업의 경계에 위치하고 있다는 것을 나타내는 것이기도 하다.

그렇다면 산업과 산업화와도 더 이상 관련이 없는 이러한 사회를 어떻게 특징지어야 하는가? 국제적인 비교 영역에서 재검토되고 있는 '산업 국가' 라는 표현은 동시에 그 한계를 드러낸다. 그리고 사회주의 체제와 개발도상국의 노동에 대한 연구는 30년 동안 답보 상태에 머물러 있었다.

또한 80년대에는 노동자의 숙련 지식, 공장의 과학적 방법론, 사회학자들의 연구 방법론에 명백한 관심을 드러낸 시기이기도 하다. 특별호로 구성되어 '이론 · 방법론 · 인식론' 의 범주로 배열된 기사들은 자기 비판적 고찰, 관점의 쇄신에 대한 시도와 회의로 채워졌다. 이는 다른 사회학 전문 정기 간행물처럼 패러다임에 대한 연구가 시작된 것이다. 당대에 큰 영향을 미쳤던 마르크스주의와 구조주의 같은 '위대한 이론' 의 몰락과 함께 사회연구자들의 연구 방향도 근원, 구체적인 실험, 문헌 분석을 하는 방향으로 전환되었지만 노동의 실체를 직접 파악하는 단계로까지 넘어가지는 못했다.

이같은 사회학 연구 방향의 전환은 '가치 체계(systèmes de valeurs)' 의 소멸을 가져왔고, 이는 노동자들의 '표상' 이 이데올로기를 대체한 효능면에 중점을 두는 결과로 이어졌다. 실천 방향을 부여할 수 있고, 세계를 개조할 수 있는 이러한 표상들은 동시에 사회 재건에 기여했다. 최근에는 전체 구조에 의거하여 이러한 사회 건설의 조직 혹은 그 기능을 설명하려는 연구가 시도되고 있다. 이후로는 사회 건설의 효과에 토대를 둔 연구가 강조되고 있다. 극단적인 경우에 사회학은 관계자 혹은 관계자들 사이의 특정 부류에게 발언권을 양도하고,

사회학 자체에 대해 비판적인 기능을 회복하는 것을 포기하고 만다.

이 모든 변화 양상들은 지속적으로 다루어지는 테마들이라 할 수 있다. 생디칼리슴은 그 쇠퇴에도 불구하고 '직업 관계'와 '사회 동향'과 마찬가지로 시대에 관계없이 줄곧 주목의 대상이 되어 왔다. 그러나 생디칼리슴을 다룬 기사 수효는 현저하게 감소된 것을 볼 수 있다.

이와 달리 80년대 들어와 직업에 대한 연구는 엄청난 실효를 거두었다. 사실 직업에 대한 주제는 전혀 새로운 게 아니다. 20세기초부터 영국의 사회학자들은 직업에 대한 활발한 연구 활동을 펴 이 영역에 대해 다양한 비판을 제기했다.[1] 자유 직업에 따라 가장 확고부동한 직업 집단에게 부여된 다양한 특질·가치·기능에서 출발한 이 직업사회학은 실제로 이들 집단의 특권과 독점을 강화하는 데 역점을 두었다. 그 다음에 '사회역사학적 구성'으로 재고찰된 전문직 집단은 더 이상 지식과 권력간의 특권 관계로 규정되지 않는다. 직업화 동향은 장인조합의 잔재와는 다른 특성을 지니지만 임금 관계의 불확실성에 대처한 반응은 유사하다. 이때부터 직업적 발전의 연구와 특별 직종의 진입 규정과 규범에 대한 연구는 노동 시장 분석과 유사해진다.

또한 80년대에 나타난 '고용, 실업, 노동 시장'에 대한 연구 테마는 고용사회학이 출현하는 발판을 만들어 주었다. 고용의 요구에 대한 연구에서 임금 요구에 대한 연구로 넘어가는 시기에 이 테마는 20년 동안 몇몇 사회학자들이 즐겨 다루었던 '임금 유형'을 대체한 것 같다. 동시에 노동 시장을 주제로 한 접근은 이후로 사람들의 관심권

---

1) 《노동사회학》지 특별호 2, 1972; Jean-Michel CHAPOULIE, 《직업군의 사회학적 분석 *Sur l'analyse sociologique des groupes professionnels*》 《프랑스 사회학지 *Revue française de sociologie*》, 1973, XIV: 86-114 참조.

에서 밀려난 '사회 계층(Stratification sociale)' 항목의 연장선 안에 들어갔다. 이와 함께 과정의 서술, 경로, 경제 활동 범위의 순환, 전직의 책략, 고용 정책 등에 대한 다양하고 광범위한 연구가 행해졌다. 이런 동적인 관점을 증명하는 데에는 비교 방식, 장기적인 연구와 사례 연구가 기여했다. 노동자들의 생활, 교육 훈련, 비경제 활동 시기, 노동 외적인 관계를 강조한 모든 사건들은 이후로 연구 대상 영역으로 들어가면서 이러한 영역들간의 분리를 재규정하는 것이 보편화되었다. 이러한 현상은 학문 영역에도 영향을 미쳐 노동사회학과 경제학 간의 유사성이 밝혀지고, 동시에 사회학의 다양한 영역간의 경계와 특히 교육사회학과 가정사회학의 경계가 무너지는 결과를 가져왔다.

노동사회학은 노동자들간의 불화, 노동의 위기, 노동 자체의 위기에 대해 탐구하면서 끊임없이 확장되고 분할되며, 재조직되고 다른 학문과의 관계를 맺어 나가고 있다. 이렇듯 사회학은 논쟁에 민감한 그 대상과 동위상에 있는 학문이라 할 수 있다. 때로 황금의 60년대(Golden Sixties)에 제시된 여가 사회의 출현은 노동 없는 미래의 모습을 보여 주었다. 현재 고용의 하락은 체념의 강조 혹은 주연의 환희에 대한 강조와 함께 노동 종말에 대한 논쟁에 다시 활기를 띠게 한다. 노동과 노동사회학은 예전에 처한 상황에 대해 더 이상 강제할 수 없지만, 그 시대에 대한 시사성은 결코 잃지 않았다.

참고 문헌

여기 제시하는 참고 문헌은 이 책에서 인용된 책의 선별과 추가로 읽을 책들을 제시한다.

1. 개론서

[연구 상태와 공동 연구 결과의 종합]

DE COSTER Michel, PICHAUT François, *Traité de sociologie du travail*, Bruxelles, De Bœck, 1994. Alain Touraine가 서문을 쓰고 18명의 프랑스어권 심리학자와 사회학자들이 참여한 이 책은, 오늘날의 노동에 대한 분석과 구체적인 상황에 대한 다양한 견해를 밝혔다.

DESMAREZ Pierre, *La Sociologie industrielle aux États-Unis*, Paris, Armand Colin, 1986. 산업사회학의 기원과 다양한 계통에 대한 비평서.

DURAND Claude, DUBOIS Pierre, *et al.*, *Le Travail et sa sociologie. Essais critiques*, Paris, L'Harmattan, 1985. 외국의 노동사회학을 조명한 책.

FRIEDMANN Georges, NAVILLE Pierre, *Traité de sociologie du travail*, tomes I & II, Paris, A. Colin, 1962. 노동사회학 분야의 선구적인 책으로 실제적인 기초서로 읽힌다.

JOBERT Annette, MARRY Catherine, TANGUY Lucie, *Éducation et travail en Grande-Bretagne, Allemagne et Italie*, Paris, Armand Colin, 1995. 20명의 작가들이 참여하여 사회학 연구의 질적 · 양적 성과를 분석하고, 유럽 3개국에서 제기되고 있는 문제점과 논쟁을 비교했다.

MORIN Pierre, *Le Travail dans l'entreprise et la société moderne*, Paris, Hachette, 1974. 교육학 사전과 기사 모음집.

MOTTEZ Bernard, *La Sociologie industrielle*, Paris, PUF, 1971. 노동 조직, 기술 조직, 임금 조직에 관해 총망라한 책.

ROLLE Pierre, *Introduction à la sociologie du travail*, Paris, Hachette, 1971. 입문서 역할을 하는 것뿐만 아니라 기업사회학에서 임금사회학을 다루었다.

TANGUY Lucie, *L'Introuvable relation formation/emploi. Un état des recherches en France*, Paris, La Documentation française, 1986. 문제점에 관한

여러 학문의 입장을 요약한 책; 풍부한 참고 문헌.

TREMBLAY Diane-Gabrielle, VILLENEUVE Daniel, *Travail et société. Une introduction à la sociologie du travail*, Sainte-Foy(Québec), Télé-Université, 1992. 논평을 정선한 텍스트(프랑스어로 된 논평과 번역문).

[비평과 이론적 관점]

ALALUF Mateo, *Le Temps du labeur. Formation, emploi et qualification en sociologie du travail*, Bruxelles, Éd. de l'Université de Bruxelles, 1986.

ERBES-SEGUIN Sabine, *Le Travail dans la société. Bilan de la sociologie du travail*, tome 2, Grenoble, Presses Universitaires de Grenoble, 1988.

ROLLE Pierre, *Travail et salariat. Bilan de la sociologie du travail*, tome 1, Grenoble, Presses Universitaires de Grenoble, 1988.

SEGRESTIN Denis, *Sociologie de l'entreprise*, Paris, Armand Colin, 1992.

STROOBANTS Marcelle, *Savoir-faire et compétences au travail. Une sociologie de la fabrication des aptitudes*, Bruxelles, Éd. de l'Université de Bruxelles, 1993.

TRIPIER Pierre, *Du travail à l'emploi*, Bruxelles, Éd. de l'Université de Bruxelles, 1991.

2. 특정 분야

[기술과 노동 시간]

CORIAT Benjamin, *L'Atelier et le Robot*, Paris, Christian Bourgois, 1990.

FRIEDMANN Georges, *Le Travail en miette*, Paris, Gallimard, 1964(1956년 초판).

GROSSIN William, *Le Travail et le Temps*, Paris, Anthropos, 1969.

KIRCHNER Odile, LAURENT-ATTAHLIN Charlotte, *La Durée du travail*, Paris, Hatier, 1981.

LUCAS Yvette, *L'Automation*, Paris, PUF, 1982.

NAVILLE Pierre, *Vers l'automatisme social? Problèmes du travail et de l'automation*, Paris, Gallimard, 1963.

[단체 행동]

ADAM Gérard, REYNAUD Jean-Daniel, *Conflits du travail et changement social*, Paris, PUF, 1978.

DURAND Claude, DUBOIS Pierre, *La Grève*, Paris, Armand Colin, 1975.

LALLEMENT Michel, *Sociologie des relations professionnelles*, Paris, La Découverte, 1996.

PERROT Michèle, *Les Ouvriers en grève. France 1871-1890*, Paris, Mouton, 1974.

REYNAUD Jena-Daniel, *Les Règles du jeu. L'action collective et la régulation sociale*, Paris, Armand Colin, 1985.

SELLIER François, *La Confrontation sociale en France. 1936-1981*, Paris, PUF, 1984.

TOURAINE Alain, WIEVIORKA Michel, DUBET François, *Le Mouvement ouvrier*, Paris, Fayard, 1984.

[다양한 노동자 계층]

BENGUIGUI Georges, GRISET Antoine, MONJARDET Dominique, *La Fonction d'encadrement*, Paris, La Documentation Française, 1978.

BOLTANSKI Luc, *Les Cadres*, Paris, Mouton, 1982.

CHENU Alain, *L'Archipel des employés*, Paris, INSEE, 1990.

Collectif, *Le Sexe du travail. Structures familiales et systèmes productifs*, Grenoble, Presses Universitaires de Grenoble, 1984.

CROZIER Michel, *Le Monde des employés du bureau*, Paris, Seuil, 1965.

DARRÉ Jean-Pierre, *L'Invention des pratiques dans l'agriculture. Vulgarisation et production locale des connaissances*, Paris, Karthala, 1996.

DEBOUZY Marianne, *Travail et travailleurs aux États-Unis*, Paris, La Découverte, 1991.

EYRAUD François, ROZENBLAT Patrick, *Les Formes hiérarchiques: travail et salaires dans neuf pays industrialisés*, Paris, La Documentation Française, 1994.

HOGGART Richard, *La Culture du pauvre*, Paris, Éd. de Minuit, 1970.

KERGOAT Danièle, *Les Ouvrières*, Paris, Le Sycomore, 1982.

TRIPIER Maryse, *L'Immigration dans la classe ouvrière en France*, Paris, L'Harmattan, 1990.

VERRET Michel, *Le Travail ouvrier*, Paris, Armand Colin, 1982.

[고용, 실업, 노동 시장]

GAMBIER Dominique, VERNIÈRES Michel, *L'Emploi en France*, Paris, La Découverte, 1991.

MARUANI Margaret, REYNAUD Emmanuèle, *Sociologie de l'emploi*, Paris, La Découverte, 1993.

PERROT Anne, *Les Nouvelles Théories du marché du travail*, Paris, La Découverte, 1992.

SALAIS Robert, BAVEREZ Nicolas, REYNAUD Bénédicte, *L'Invention du chômage*, Paris, PUF, 1986.

역자 후기

노동 현상이 사회학 연구의 한 대상으로 포함된 것은 상당히 오래된 일이지만, 이들 연구는 모두 노동의 사회적 역할 문제에만 초점을 맞춘 것으로 노동자에 대한 것은 도외시되어 왔다.

20세기초 미국의 전기회사 호손공장에서의 연구를 시작으로 《노동사회학》은 공식적인 학문 영역으로 자리잡기 시작했고, 이후 본격적으로 노동자에 대한 다양한 연구가 이루어졌다. 이렇듯 다양한 조류의 변화를 보여온 노동사회학의 최근 연구는 노동 현상을 인간 현상으로 보고 사회적 측면에서 이를 이해하려는 경향을 보이고 있다.

이같은 추세에 맞춰 이 책은 작가가 결론 부분에 명시했듯이 1959년에 창간된 《노동사회학》지의 테마 기사를 토대로 시대별로 이슈화된 노동사회학의 연구 성향을 소개 · 분석하는 데 목적을 둔 것이다. 따라서 전체 IV장으로 구성된 이 책은 시대별 흐름에 따라 노동사회학의 연구 성향, 방법, 대상을 일목요연하게 제시하고 있다.

본래 이 책은 나탕 출판사가 1,2학년 학부생들을 대상으로 여러 사회학 분야의 지식 체계를 총괄한 입문서와 참고 문헌, 방법론, 사고 훈련을 키워주기 위해 128페이지 컬렉션으로 기획한 책이다. 사회학을 전공하는 학생뿐만 아니라 구미 선진 자본주의 국가에서 전개된 노동사회학의 흐름에 관심을 가진 일반 독자라면 입문서로 읽어도 손색이 없을 듯하다. 아울러 우리나라에서도 이런 종류의 기획 서적이 활성화되기를 한 사람의 독자로서 바라본다.

쉬운 번역이 있으랴마는 이 책을 번역하는 데 적잖은 고충이 따랐다. 생소한 기술 용어들 앞에서 책의 분량만 보고 쉽게 번역하기로 결정을 내린 자신의 경솔함을 탓하기도 하면서 보다 다양한 영역에 더욱 관심을 가져야 한다는 것을 깨닫는 기회가 되기도 하였다.

박주원
파리5대학 불어교수법 석사, 응용언어학 박사과정 수료
역서: 《시민교육》(東文選)

현대신서
134

노동사회학

초판발행 : 2003년 4월 25일

지은이 : 마르셀 스트루방
옮긴이 : 박주원
총편집 : 韓仁淑
펴낸곳 : 東文選
제10-64호, 78. 12. 16 등록
110-300 서울 종로구 관훈동 74
전화 : 737-2795

편집설계 : 李姃旻

ISBN 89-8038-287-1 94330
ISBN 89-8038-050-X (현대신서)

【東文選 現代新書】

1 21세기를 위한 새로운 엘리트	FORESEEN 연구소 / 김경현	7,000원
2 의지, 의무, 자유 — 주제별 논술	L. 밀러 / 이대희	6,000원
3 사유의 패배	A. 핑켈크로트 / 주태환	7,000원
4 문학이론	J. 컬러 / 이은경 · 임옥희	7,000원
5 불교란 무엇인가	D. 키언 / 고길환	6,000원
6 유대교란 무엇인가	N. 솔로몬 / 최창모	6,000원
7 20세기 프랑스철학	E. 매슈스 / 김종갑	8,000원
8 강의에 대한 강의	P. 부르디외 / 현택수	6,000원
9 텔레비전에 대하여	P. 부르디외 / 현택수	7,000원
10 고고학이란 무엇인가	P. 반 / 박범수	8,000원
11 우리는 무엇을 아는가	T. 나겔 / 오영미	5,000원
12 에쁘롱 — 니체의 문체들	J. 데리다 / 김다은	7,000원
13 히스테리 사례분석	S. 프로이트 / 태혜숙	7,000원
14 사랑의 지혜	A. 핑켈크로트 / 권유현	6,000원
15 일반미학	R. 카이유와 / 이경자	6,000원
16 본다는 것의 의미	J. 버거 / 박범수	10,000원
17 일본영화사	M. 테시에 / 최은미	7,000원
18 청소년을 위한 철학교실	A. 자카르 / 장혜영	7,000원
19 미술사학 입문	M. 포인턴 / 박범수	8,000원
20 클래식	M. 비어드 · J. 헨더슨 / 박범수	6,000원
21 정치란 무엇인가	K. 미노그 / 이정철	6,000원
22 이미지의 폭력	O. 몽젱 / 이은민	8,000원
23 청소년을 위한 경제학교실	J. C. 드루엥 / 조은미	6,000원
24 순진함의 유혹 〔메디시스賞 수상작〕	P. 브뤼크네르 / 김웅권	9,000원
25 청소년을 위한 이야기 경제학	A. 푸르상 / 이은민	8,000원
26 부르디외 사회학 입문	P. 보네위츠 / 문경자	7,000원
27 돈은 하늘에서 떨어지지 않는다	K. 아른트 / 유영미	6,000원
28 상상력의 세계사	R. 보이아 / 김웅권	9,000원
29 지식을 교환하는 새로운 기술	A. 벵토릴라 外 / 김혜경	6,000원
30 니체 읽기	R. 비어즈워스 / 김웅권	6,000원
31 노동, 교환, 기술 — 주제별 논술	B. 데코사 / 신은영	6,000원
32 미국만들기	R. 로티 / 임옥희	근간
33 연극의 이해	A. 쿠프리 / 장혜영	8,000원
34 라틴문학의 이해	J. 가야르 / 김교신	8,000원
35 여성적 가치의 선택	FORESEEN연구소 / 문신원	7,000원
36 동양과 서양 사이	L. 이리가라이 / 이은민	7,000원
37 영화와 문학	R. 리처드슨 / 이형식	8,000원
38 분류하기의 유혹 — 생각하기와 조직하기	G. 비뇨 / 임기대	7,000원
39 사실주의 문학의 이해	G. 라루 / 조성애	8,000원
40 윤리학 — 악에 대한 의식에 관하여	A. 바디우 / 이종영	7,000원
41 흙과 재 〔소설〕	A. 라히미 / 김주경	6,000원

42 진보의 미래	D. 르쿠르 / 김영선	6,000원
43 중세에 살기	J. 르 고프 外 / 최애리	8,000원
44 쾌락의 횡포·상	J. C. 기유보 / 김웅권	10,000원
45 쾌락의 횡포·하	J. C. 기유보 / 김웅권	10,000원
46 운디네와 지식의 불	B. 데스파냐 / 김웅권	8,000원
47 이성의 한가운데에서 — 이성과 신앙	A. 퀴노 / 최은영	6,000원
48 도덕적 명령	FORESEEN 연구소 / 우강택	6,000원
49 망각의 형태	M. 오제 / 김수경	6,000원
50 느리게 산다는 것의 의미·1	P. 쌍소 / 김주경	7,000원
51 나만의 자유를 찾아서	C. 토마스 / 문신원	6,000원
52 음악적 삶의 의미	M. 존스 / 송인영	근간
53 나의 철학 유언	J. 기통 / 권유현	8,000원
54 타르튀프 / 서민귀족 〔희곡〕	몰리에르 / 덕성여대극예술비교연구회	8,000원
55 판타지 공장	A. 플라워즈 / 박범수	10,000원
56 홍수·상 〔완역판〕	J. M. G. 르 클레지오 / 신미경	8,000원
57 홍수·하 〔완역판〕	J. M. G. 르 클레지오 / 신미경	8,000원
58 일신교 — 성경과 철학자들	E. 오르티그 / 전광호	6,000원
59 프랑스 시의 이해	A. 바이양 / 김다은·이혜지	8,000원
60 종교철학	J. P. 힉 / 김희수	10,000원
61 고요함의 폭력	V. 포레스테 / 박은영	8,000원
62 고대 그리스의 시민	C. 모세 / 김덕희	7,000원
63 미학개론 — 예술철학입문	A. 셰퍼드 / 유호전	10,000원
64 논증 — 담화에서 사고까지	G. 비뇨 / 임기대	6,000원
65 역사 — 성찰된 시간	F. 도스 / 김미겸	7,000원
66 비교문학개요	F. 클로동·K. 아다-보트링 / 김정란	8,000원
67 남성지배	P. 부르디외 / 김용숙·주경미	9,000원
68 호모사피언스에서 인터렉티브인간으로	FORESEEN 연구소 / 공나리	8,000원
69 상투어 — 언어·담론·사회	R. 아모시·A. H. 피에로 / 조성애	9,000원
70 촛불의 미학	G. 바슐라르 / 이가림	근간
71 푸코 읽기	P. 빌루에 / 나길래	8,000원
72 문학논술	J. 파프·D. 로쉬 / 권종분	8,000원
73 한국전통예술개론	沈雨晟	10,000원
74 시학 — 문학 형식 일반론 입문	D. 퐁텐느 / 이용주	8,000원
75 진리의 길	A. 보다르 / 김승철·최정아	9,000원
76 동물성 — 인간의 위상에 관하여	D. 르스텔 / 김승철	6,000원
77 랑가쥬 이론 서설	L. 옐름슬레우 / 김용숙·김혜련	10,000원
78 잔혹성의 미학	F. 토넬리 / 박형섭	9,000원
79 문학 텍스트의 정신분석	M. J. 벨멩-노엘 / 심재중·최애영	9,000원
80 무관심의 절정	J. 보드리야르 / 이은민	8,000원
81 영원한 황홀	P. 브뤼크네르 / 김웅권	9,000원
82 노동의 종말에 반하여	D. 슈나페르 / 김교신	6,000원
83 프랑스영화사	J.-P. 장콜 / 김혜련	근간

84	조와(弔蛙)	金敎臣 / 노치준 · 민혜숙	8,000원
85	역사적 관점에서 본 시네마	J. -L. 뢰트라 / 곽노경	8,000원
86	욕망에 대하여	M. 슈벨 / 서민원	8,000원
87	산다는 것의 의미 · 1 — 여분의 행복	P. 쌍소 / 김주경	7,000원
88	철학 연습	M. 아롱델-로오 / 최은영	8,000원
89	삶의 기쁨들	D. 노게 / 이은민	6,000원
90	이탈리아영화사	L. 스키파노 / 이주현	8,000원
91	한국문화론	趙興胤	10,000원
92	현대연극미학	M. -A. 샤르보니에 / 홍지화	8,000원
93	느리게 산다는 것의 의미 · 2	P. 쌍소 / 김주경	7,000원
94	진정한 모럴은 모럴을 비웃는다	A. 에슈고엔 / 김웅권	8,000원
95	한국종교문화론	趙興胤	10,000원
96	근원적 열정	L. 이리가라이 / 박정오	9,000원
97	라캉, 주체 개념의 형성	B. 오질비 / 김 석	9,000원
98	미국식 사회 모델	J. 바이스 / 김종명	7,000원
99	소쉬르와 언어과학	P. 가데 / 김용숙 · 임정혜	10,000원
100	철학적 기본 개념	R. 페르버 / 조국현	8,000원
101	철학자들의 동물원	A. L. 브라-쇼파르 / 문신원	근간
102	글렌 굴드, 피아노 솔로	M. 슈나이더 / 이창실	7,000원
103	문학비평에서의 실험	C. S. 루이스 / 허 종	8,000원
104	코뿔소 〔희곡〕	E. 이오네스코 / 박형섭	8,000원
105	《제7의 봉인》 비평연구	E. 그랑조르주 / 이은민	근간
106	《쥘과 짐》 비평연구	C. 르 베르 / 이은민	근간
107	경제, 거대한 사탄인가?	P. -N. 지로 / 김교신	7,000원
108	딸에게 들려 주는 작은 철학	R. 시몬 셰퍼 / 안상원	7,000원
109	도덕에 관한 에세이	C. 로슈 · J. -J. 바레르 / 고수현	6,000원
110	프랑스 고전비극	B. 클레망 / 송민숙	8,000원
111	고전수사학	G. 위딩 / 박성철	10,000원
112	유토피아	T. 파코 / 조성애	7,000원
113	쥐비알	A. 자르댕 / 김남주	7,000원
114	증오의 모호한 대상	J. 아순 / 김승철	8,000원
115	개인 — 주체철학에 대한 고찰	A. 르노 / 장정아	7,000원
116	이슬람이란 무엇인가	M. 루스벤 / 최생열	8,000원
117	테러리즘의 정신	J. 보드리야르 / 배영달	8,000원
118	자유와 결정론	O. 브르니피에 外 / 최은영	근간
119	느리게 산다는 것의 의미 · 3	P. 쌍소 / 김주경	7,000원
120	문학과 정치 사상	P. 페티티에 / 이종민	8,000원
121	가장 아름다운 하나님 이야기	A. 보테르 外 / 주태환	8,000원
122	시민 교육	P. 카니베즈 / 박주원	9,000원
123	스페인영화사	J.- C. 스갱 / 정동섭	8,000원
124	인터넷상에서 — 행동하는 지성	H. L. 드레퓌스 / 정혜욱	9,000원
125	내 몸의 신비 — 세상에서 가장 큰 기적	A. 지오르당 / 이규식	7,000원

126 세 가지 생태학	F. 가타리 / 윤수종	8,000원
127 모리스 블랑쇼에 대하여	E. 레비나스 / 박규현	9,000원
128 위뷔 왕 〔희곡〕	A. 자리 / 박형섭	8,000원
129 번영의 비참	P. 브뤼크네르 / 이창실	8,000원
130 무사도란 무엇인가	新渡戶稻造 / 沈雨晟	7,000원
131 천 개의 집 〔소설〕	A. 라히미 / 김주경	근간
132 문학은 무슨 소용이 있는가?	D. 살나브 / 김교신	7,000원
133 종교에 대하여—행동하는 지성	J. 카푸토 / 최생열	근간
134 노동사회학	M. 스트루방 / 박주원	8,000원
135 맞불·2	P. 부르디외 / 김교신	10,000원
136 믿음에 대하여—행동하는 지성	S. 지제크 / 최생열	9,000원
137 법, 정의, 국가	A. 기그 / 민혜숙	근간
138 인식, 상상력, 예술	E. 아카마츄 / 최돈호	근간
139 위기의 대학	ARESER / 김교신	근간
140 카오스모제	F. 가타리 / 윤수종	10,000원
141 코란이란 무엇인가	M. 쿡 / 이강훈	근간

【東文選 文藝新書】

1 저주받은 詩人들	A. 뻬이르 / 최수철·김종호	개정근간
2 민속문화론서설	沈雨晟	40,000원
3 인형극의 기술	A. 훼도토프 / 沈雨晟	8,000원
4 전위연극론	J. 로스 에반스 / 沈雨晟	12,000원
5 남사당패연구	沈雨晟	10,000원
6 현대영미희곡선(전4권)	N. 코워드 外 / 李辰洙	절판
7 행위예술	L. 골드버그 / 沈雨晟	절판
8 문예미학	蔡 儀 / 姜慶鎬	절판
9 神의 起源	何 新 / 洪 熹	16,000원
10 중국예술정신	徐復觀 / 權德周 外	24,000원
11 中國古代書史	錢存訓 / 金允子	14,000원
12 이미지 — 시각과 미디어	J. 버거 / 편집부	12,000원
13 연극의 역사	P. 하트놀 / 沈雨晟	절판
14 詩 論	朱光潛 / 鄭相泓	9,000원
15 탄트라	A. 무케르지 / 金龜山	16,000원
16 조선민족무용기본	최승희	15,000원
17 몽고문화사	D. 마이달 / 金龜山	8,000원
18 신화 미술 제사	張光直 / 李 徹	10,000원
19 아시아 무용의 인류학	宮尾慈良 / 沈雨晟	절판
20 아시아 민족음악순례	藤井知昭 / 沈雨晟	5,000원
21 華夏美學	李澤厚 / 權 瑚	15,000원
22 道	張立文 / 權 瑚	18,000원
23 朝鮮의 占卜과 豫言	村山智順 / 金禧慶	15,000원
24 원시미술	L. 아담 / 金仁煥	16,000원

25 朝鮮民俗誌 秋葉隆 / 沈雨晟 12,000원
26 神話의 이미지 J. 캠벨 / 扈承喜 근간
27 原始佛敎 中村元 / 鄭泰爀 8,000원
28 朝鮮女俗考 李能和 / 金尙憶 24,000원
29 朝鮮解語花史(조선기생사) 李能和 / 李在崑 25,000원
30 조선창극사 鄭魯湜 7,000원
31 동양회화미학 崔炳植 18,000원
32 性과 결혼의 민족학 和田正平 / 沈雨晟 9,000원
33 農漁俗談辭典 宋在璇 12,000원
34 朝鮮의 鬼神 村山智順 / 金禧慶 12,000원
35 道敎와 中國文化 葛兆光 / 沈揆昊 15,000원
36 禪宗과 中國文化 葛兆光 / 鄭相泓 · 任炳權 8,000원
37 오페라의 역사 L. 오레이 / 류연희 절판
38 인도종교미술 A. 무케르지 / 崔炳植 14,000원
39 힌두교의 그림언어 안넬리제 外 / 全在星 9,000원
40 중국고대사회 許進雄 / 洪 熹 30,000원
41 중국문화개론 李宗桂 / 李宰碩 23,000원
42 龍鳳文化源流 王大有 / 林東錫 25,000원
43 甲骨學通論 王宇信 / 李宰碩 근간
44 朝鮮巫俗考 李能和 / 李在崑 20,000원
45 미술과 페미니즘 N. 부루드 外 / 扈承喜 9,000원
46 아프리카미술 P. 윌레뜨 / 崔炳植 절판
47 美의 歷程 李澤厚 / 尹壽榮 28,000원
48 曼茶羅의 神들 立川武藏 / 金龜山 19,000원
49 朝鮮歲時記 洪錫謨 外/李錫浩 30,000원
50 하 상 蘇曉康 外 / 洪 熹 절판
51 武藝圖譜通志 實技解題 正 祖 / 沈雨晟 · 金光錫 15,000원
52 古文字學첫걸음 李學勤 / 河永三 14,000원
53 體育美學 胡小明 / 閔永淑 10,000원
54 아시아 美術의 再發見 崔炳植 9,000원
55 曆과 占의 科學 永田久 / 沈雨晟 8,000원
56 中國小學史 胡奇光 / 李宰碩 20,000원
57 中國甲骨學史 吳浩坤 外 / 梁東淑 35,000원
58 꿈의 철학 劉文英 / 河永三 22,000원
59 女神들의 인도 立川武藏 / 金龜山 19,000원
60 性의 역사 J. L. 플랑드렝 / 편집부 18,000원
61 쉬르섹슈얼리티 W. 챠드윅 / 편집부 10,000원
62 여성속담사전 宋在璇 18,000원
63 박재서희곡선 朴栽緖 10,000원
64 東北民族源流 孫進己 / 林東錫 13,000원
65 朝鮮巫俗의 硏究(상 · 하) 赤松智城 · 秋葉隆 / 沈雨晟 28,000원
66 中國文學 속의 孤獨感 斯波六郎 / 尹壽榮 8,000원

67 한국사회주의 연극운동사	李康列	8,000원
68 스포츠인류학	K. 블랑챠드 外 / 박기동 外	12,000원
69 리조복식도감	리팔찬	절판
70 娼 婦	A. 꼬르벵 / 李宗旼	22,000원
71 조선민요연구	高晶玉	30,000원
72 楚文化史	張正明 / 南宗鎭	26,000원
73 시간, 욕망, 그리고 공포	A. 코르뱅 / 변기찬	18,000원
74 本國劍	金光錫	40,000원
75 노트와 반노트	E. 이오네스코 / 박형섭	절판
76 朝鮮美術史研究	尹喜淳	7,000원
77 拳法要訣	金光錫	30,000원
78 艸衣選集	艸衣意恂 / 林鍾旭	20,000원
79 漢語音韻學講義	董少文 / 林東錫	10,000원
80 이오네스코 연극미학	C. 위베르 / 박형섭	9,000원
81 중국문자훈고학사전	全廣鎭 편역	23,000원
82 상말속담사전	宋在璇	10,000원
83 書法論叢	沈尹默 / 郭魯鳳	8,000원
84 침실의 문화사	P. 디비 / 편집부	9,000원
85 禮의 精神	柳 肅 / 洪 熹	20,000원
86 조선공예개관	沈雨晟 편역	30,000원
87 性愛의 社會史	J. 솔레 / 李宗旼	18,000원
88 러시아미술사	A. I. 조토프 / 이건수	22,000원
89 中國書藝論文選	郭魯鳳 選譯	25,000원
90 朝鮮美術史	關野貞 / 沈雨晟	근간
91 美術版 탄트라	P. 로슨 / 편집부	8,000원
92 군달리니	A. 무케르지 / 편집부	9,000원
93 카마수트라	바짜야나 / 鄭泰爀	10,000원
94 중국언어학총론	J. 노먼 / 全廣鎭	18,000원
95 運氣學說	任應秋 / 李宰碩	15,000원
96 동물속담사전	宋在璇	20,000원
97 자본주의의 아비투스	P. 부르디외 / 최종철	10,000원
98 宗教學入門	F. 막스 뮐러 / 金龜山	10,000원
99 변 화	P. 바츨라빅크 外 / 박인철	10,000원
100 우리나라 민속놀이	沈雨晟	15,000원
101 歌訣(중국역대명언경구집)	李宰碩 편역	20,000원
102 아니마와 아니무스	A. 융 / 박해순	8,000원
103 나, 너, 우리	L. 이리가라이 / 박정오	12,000원
104 베케트연극론	M. 푸크레 / 박형섭	8,000원
105 포르노그래피	A. 드워킨 / 유혜련	12,000원
106 셸 링	M. 하이데거 / 최상욱	12,000원
107 프랑수아 비용	宋 勉	18,000원
108 중국서예 80제	郭魯鳳 편역	16,000원

109 性과 미디어	W. B. 키 / 박해순	12,000원
110 中國正史朝鮮列國傳(전2권)	金聲九 편역	120,000원
111 질병의 기원	T. 매큐언 / 서 일 · 박종연	12,000원
112 과학과 젠더	E. F. 켈러 / 민경숙 · 이현주	10,000원
113 물질문명 · 경제 · 자본주의	F. 브로델 / 이문숙 外	절판
114 이탈리아인 태고의 지혜	G. 비코 / 李源斗	8,000원
115 中國武俠史	陳 山 / 姜鳳求	18,000원
116 공포의 권력	J. 크리스테바 / 서민원	23,000원
117 주색잡기속담사전	宋在璇	15,000원
118 죽음 앞에 선 인간(상 · 하)	P. 아리에스 / 劉仙子	각권 8,000원
119 철학에 대하여	L. 알튀세르 / 서관모 · 백승욱	12,000원
120 다른 곶	J. 데리다 / 김다은 · 이혜지	10,000원
121 문학비평방법론	D. 베르제 外 / 민혜숙	12,000원
122 자기의 테크놀로지	M. 푸코 / 이희원	16,000원
123 새로운 학문	G. 비코 / 李源斗	22,000원
124 천재와 광기	P. 브르노 / 김웅권	13,000원
125 중국은사문화	馬 華 · 陳正宏 / 강경범 · 천현경	12,000원
126 푸코와 페미니즘	C. 라마자노글루 外 / 최 영 外	16,000원
127 역사주의	P. 해밀턴 / 임옥희	12,000원
128 中國書藝美學	宋 民 / 郭魯鳳	16,000원
129 죽음의 역사	P. 아리에스 / 이종민	18,000원
130 돈속담사전	宋在璇 편	15,000원
131 동양극장과 연극인들	김영무	15,000원
132 生育神과 性巫術	宋兆麟 / 洪 熹	20,000원
133 미학의 핵심	M. M. 이턴 / 유호전	20,000원
134 전사와 농민	J. 뒤비 / 최생열	18,000원
135 여성의 상태	N. 에니크 / 서민원	22,000원
136 중세의 지식인들	J. 르 고프 / 최애리	18,000원
137 구조주의의 역사(전4권)	F. 도스 / 김웅권 外	Ⅰ·Ⅱ·Ⅳ 15,000원 / Ⅲ 18,000원
138 글쓰기의 문제해결전략	L. 플라워 / 원진숙 · 황정현	20,000원
139 음식속담사전	宋在璇 편	16,000원
140 고전수필개론	權 瑚	16,000원
141 예술의 규칙	P. 부르디외 / 하태환	23,000원
142 "사회를 보호해야 한다"	M. 푸코 / 박정자	20,000원
143 페미니즘사전	L. 터틀 / 호승희 · 유혜련	26,000원
144 여성심벌사전	B. G. 워커 / 정소영	근간
145 모데르니테 모데르니테	H. 메쇼닉 / 김다은	20,000원
146 눈물의 역사	A. 뱅상뷔포 / 이자경	18,000원
147 모더니티입문	H. 르페브르 / 이종민	24,000원
148 재생산	P. 부르디외 / 이상호	18,000원
149 종교철학의 핵심	W. J. 웨인라이트 / 김희수	18,000원
150 기호와 몽상	A. 시몽 / 박형섭	22,000원

151 웅분석비평사전 A. 새뮤얼 外 / 민혜숙 16,000원
152 운보 김기창 예술론연구 최병식 14,000원
153 시적 언어의 혁명 J. 크리스테바 / 김인환 20,000원
154 예술의 위기 Y. 미쇼 / 하태환 15,000원
155 프랑스사회사 G. 뒤프 / 박 단 16,000원
156 중국문예심리학사 劉偉林 / 沈揆昊 30,000원
157 무지카 프라티카 M. 캐넌 / 김혜중 25,000원
158 불교산책 鄭泰爀 20,000원
159 인간과 죽음 E. 모랭 / 김명숙 23,000원
160 地中海(전5권) F. 브로델 / 李宗旼 근간
161 漢語文字學史 黃德實·陳秉新 / 河永三 24,000원
162 글쓰기와 차이 J. 데리다 / 남수인 28,000원
163 朝鮮神事誌 李能和 / 李在崑 근간
164 영국제국주의 S. C. 스미스 / 이태숙·김종원 16,000원
165 영화서술학 A. 고드로·F. 조스트 / 송지연 17,000원
166 美學辭典 사사키 겡이치 / 민주식 22,000원
167 하나이지 않은 성 L. 이리가라이 / 이은민 18,000원
168 中國歷代書論 郭魯鳳 譯註 25,000원
169 요가수트라 鄭泰爀 15,000원
170 비정상인들 M. 푸코 / 박정자 25,000원
171 미친 진실 J. 크리스테바 外 / 서민원 25,000원
172 디스탱숑(상·하) P. 부르디외 / 이종민 근간
173 세계의 비참(전3권) P. 부르디외 外 / 김주경 각권 26,000원
174 수묵의 사상과 역사 崔炳植 근간
175 파스칼적 명상 P. 부르디외 / 김웅권 22,000원
176 지방의 계몽주의 D. 로슈 / 주명철 30,000원
177 이혼의 역사 R. 필립스 / 박범수 25,000원
178 사랑의 단상 R. 바르트 / 김희영 근간
179 中國書藝理論體系 熊秉明 / 郭魯鳳 23,000원
180 미술시장과 경영 崔炳植 16,000원
181 카프카 — 소수적인 문학을 위하여 G. 들뢰즈·F. 가타리 / 이진경 13,000원
182 이미지의 힘 — 영상과 섹슈얼리티 A. 쿤 / 이형식 13,000원
183 공간의 시학 G. 바슐라르 / 곽광수 근간
184 랑데부 — 이미지와의 만남 J. 버거 / 임옥희·이은경 18,000원
185 푸코와 문학 — 글쓰기의 계보학을 향하여 S. 듀링 / 오경심·홍유미 근간
186 각색, 연극에서 영화로 A. 엘보 / 이선형 16,000원
187 폭력과 여성들 C. 도펭 外 / 이은민 18,000원
188 하드 바디 — 할리우드 영화에 나타난 남성성 S. 제퍼드 / 이형식 18,000원
189 영화의 환상성 J.-L. 뢰트라 / 김경온·오일환 18,000원
190 번역과 제국 D. 로빈슨 / 정혜욱 16,000원
191 그라마톨로지에 대하여 J. 데리다 / 김웅권 근간
192 보건 유토피아 R. 브로만 外 / 서민원 근간

193 현대의 신화	R. 바르트 / 이화여대기호학연구소	20,000원
194 중국회화백문백답	郭魯鳳	근간
195 고서화감정개론	徐邦達 / 郭魯鳳	근간
196 상상의 박물관	A. 말로 / 김웅권	근간
197 부빈의 일요일	J. 뒤비 / 최생열	22,000원
198 아인슈타인의 최대 실수	D. 골드스미스 / 박범수	16,000원
199 유인원, 사이보그, 그리고 여자	D. 해러웨이 / 민경숙	25,000원
200 공동생활 속의 개인주의	F. 드 생글리 / 최은영	20,000원
201 기식자	M. 세르 / 김웅권	24,000원
202 연극미학 — 플라톤에서 브레히트까지의 텍스트들	J. 셰레 外 / 홍지화	24,000원
203 철학자들의 신	W. 바이셰델 / 최상욱	근간
204 고대 세계의 정치	모제스 I. 핀레이 / 최생열	16,000원
205 프란츠 카프카의 고독	M. 로베르 / 이창실	18,000원
206 문화 학습 — 실천적 입문서	J. 자일스 · T. 미들턴 / 장성희	24,000원
207 호모 아카데미쿠스	P. 부르디외 / 임기대	근간
208 朝鮮槍棒教程	金光錫	40,000원
209 자유의 순간	P. M. 코헨 / 최하영	16,000원
210 밀교의 세계	鄭泰爀	16,000원
211 토탈 스크린	J. 보드리야르 / 배영달	19,000원
212 영화와 문학의 서술학	F. 바누아 / 송지연	근간
213 텍스트의 즐거움	R. 바르트 / 김희영	15,000원
214 영화의 직업들	B. 라트롱슈 / 김경온 · 오일환	근간
215 소설과 신화	이용주	15,000원
216 문화와 계급 — 부르디외와 한국 사회	홍성민 外	18,000원
217 작은 사건들	R. 바르트 / 김주경	14,000원
218 연극분석입문	J.-P. 링가르 / 박형섭	18,000원
219 푸코	G. 들뢰즈 / 허 경	근간
220 우리나라 도자기와 가마터	宋在璇	30,000원
221 보이는 것과 보이지 않는 것	M. 퐁티 / 남수인 · 최의영	근간
222 메두사의 웃음/출구	H. 식수 / 박혜영	근간
223 담화 속의 논증	R. 아모시 / 장인봉	근간
224 포켓의 형태	J. 버거 / 이영주	근간
225 이미지심벌사전	A. 드 브리스 / 이원두	근간
226 이데올로기	D. 호크스 / 고길환	16,000원
227 영화이론	B. 발라즈 / 이형식	근간
228 건축과 철학	J. 보드리야르 · J 누벨 / 배영달	근간
229 폴 리쾨르 — 삶의 의미들	F. 도스 / 김지혜 外	근간
230 서양철학사	A. 케니 / 이영주	근간
231 근대성과 육체의 정치학	D. 르 브르통 / 홍성민	근간

【기 타】

▨ 모드의 체계	R. 바르트 / 이화여대기호학연구소	18,000원

서명	저자 / 역자	가격
▨ 라신에 관하여	R. 바르트 / 남수인	10,000원
▨ 說 苑 (上·下)	林東錫 譯註	각권 30,000원
▨ 晏子春秋	林東錫 譯註	30,000원
▨ 西京雜記	林東錫 譯註	20,000원
▨ 搜神記 (上·下)	林東錫 譯註	각권 30,000원
■ 경제적 공포〔메디치賞 수상작〕	V. 포레스테 / 김주경	7,000원
■ 古陶文字徵	高 明·葛英會	20,000원
■ 古文字類編	高 明	절판
■ 金文編	容 庚	36,000원
■ 고독하지 않은 홀로되기	P. 들레름·M. 들레름 / 박정오	8,000원
■ 그리하여 어느날 사랑이여	이외수 편	4,000원
■ 딸에게 들려 주는 작은 지혜	N. 레흐레이트너 / 양영란	6,500원
■ 노력을 대신하는 것은 없다	R. 쉬이 / 유혜련	5,000원
■ 노블레스 오블리주	현택수 사회비평집	7,500원
■ 미래를 원한다	J. D. 로스네 / 문 선·김덕희	8,500원
■ 사랑의 존재	한용운	3,000원
■ 산이 높으면 마땅히 우러러볼 일이다	유 향 / 임동석	5,000원
■ 서기 1000년과 서기 2000년 그 두려움의 흔적들	J. 뒤비 / 양영란	8,000원
■ 서비스는 유행을 타지 않는다	B. 바게트 / 정소영	5,000원
■ 선종이야기	홍 희 편저	8,000원
■ 섬으로 흐르는 역사	김영희	10,000원
■ 세계사상		창간호~3호: 각권 10,000원 / 4호: 14,000원
■ 십이속상도안집	편집부	8,000원
■ 어린이 수묵화의 첫걸음(전6권)	趙 陽 / 편집부	각권 5,000원
■ 오늘 다 못다한 말은	이외수 편	7,000원
■ 오블라디 오블라다, 인생은 브래지어 위를 흐른다	무라카미 하루키 / 김난주	7,000원
■ 인생은 앞유리를 통해서 보라	B. 바게트 / 박해순	5,000원
■ 잠수복과 나비	J. D. 보비 / 양영란	6,000원
■ 천연기념물이 된 바보	최병식	7,800원
■ 原本 武藝圖譜通志	正祖 命撰	60,000원
■ 隸字編	洪鈞陶	40,000원
■ 테오의 여행 (전5권)	C. 클레망 / 양영란	각권 6,000원
■ 한글 설원 (상·중·하)	임동석 옮김	각권 7,000원
■ 한글 안자춘추	임동석 옮김	8,000원
■ 한글 수신기 (상·하)	임동석 옮김	각권 8,000원

東文選 現代新書 1

21세기를 위한 새로운 엘리트

FORSEEN 연구소 (프)

김경현 옮김

우리 사회의 미래를 누르고 있는 경제적 · 사회적 그리고 도덕적 불확실성과 격변하는 세계에서 새로운 지표들을 찾는 어려움은 엘리트들의 역할과 책임에 대한 재고를 요구한다.

엘리트의 쇄신은 불가피하다. 미래의 지도자들은 어떠한 모습을 갖게 될 것인가? 그들은 어떠한 조건하의 위기 속에서 흔들린 그들의 신뢰도를 다시금 회복할 수 있을 것인가? 기업의 경영을 위해 어떠한 변화를 기대해야 할 것인가? 미래의 결정자들을 위해서 어떠한 교육이 필요한가? 다가오는 시대의 의사결정자들에게 필요한 자질들은 어떠한 것들일까?

이 한 권의 연구보고서는 21세기를 이끌어 나갈 엘리트들에 대한 기대와 조건분석을 시도하고 있으며, 구체적으로 그들이 담당할 역할과 반드시 갖추어야 될 미래에 대한 비전을 제시하고 있다.

본서는 프랑스의 세계적인 커뮤니케이션 그룹인 아바스 그룹 산하의 포르셍 연구소에서 펴낸 《미래에 대한 예측총서》 중의 하나이다. 63개국에 걸친 연구원들의 활동을 바탕으로 세계적인 차원에서 우리 사회를 변화시키게 될 여러 가지 추세들을 깊숙이 파악하고 있다.

사회학적 추세를 연구하는 포르셍 연구소의 이번 연구는 단순히 미래를 예측하는 데에 그치는 것이 아니라, 미래를 준비하는 자들로 하여금 보충적인 성찰의 요소들을 비롯해서, 그들을 에워싸고 있는 세계에 대한 보다 넓은 이해를 지닌 상태에서 행동하고 앞날을 맞이하게끔 하기 위해서 이 관찰을 활용하자는 것이다.

東文選 現代新書 9

텔레비전에 대하여

피에르 부르디외

현택수 옮김

텔레비전으로 방송된 이 두 개의 콜레주 드 프랑스에서의 강의는 명쾌하고 종합적인 형태로 텔레비전 분석을 소개하고 있다. 첫번째 강의는 텔레비전이라는 작은 화면에 가해지는 보이지 않는 검열의 메커니즘을 보여 주고, 텔레비전의 영상과 담론의 인위적 구조를 만드는 비밀들을 보여 주고 있다. 두번째 강의는 저널리즘계의 영상과 담론을 지배하고 있는 텔레비전이 어떻게 서로 다른 영역인 예술·문학·철학·정치·과학의 기능을 깊게 변화시키는지를 설명하고 있다. 이러한 현상은 시청률의 논리를 도입하여 상업성과 대중 선동적 여론의 요구에 복종한 결과이다.

이 책은 프랑스에서 출판되자마자 논쟁거리가 되면서, 1년도 채 안 되어 10만 부 이상 팔려 나가 베스트셀러 리스트에 오르고, 세계 각국에서 번역되어 읽혀지고 있는 피에르 부르디외의 최근 대표작 중 하나이다. 인문사회과학 서적으로서 보기 드문 이같은 성공은, 프랑스 및 세계 주요국의 지적 풍토를 말해 주고 있다. 이처럼 이 책이 독자 대중의 폭발적인 반응과 기자 및 지식인들의 지속적인 반향을 불러일으키는 이유는, 세계적으로 잘 알려진 그의 학자적·사회적 명성 때문이기도 하지만 무엇보다도 언론계 기자·지식인·교양 대중들 모두가 관심을 가질 만한 논쟁적인 내용을 담고 있기 때문이다.

東文選 現代新書 42

진보의 미래

도미니크 르쿠르

김영선 옮김

과거를 조명하지 않고는 진보 사상에 대한 미래를 예견할 수 없다. 진보라는 단어의 현대적 의미가 만들어진 것은 17세기 베이컨과 더불어였다. 이 진보주의 학설은 당시 움직이는 신화가 되었으며, 공산주의자들이 그것을 계승한 20세기까지 그러하였다. 저자는 진보주의 학설이 발생시킨 '정치적' 표류만큼이나 '과학적' 표류를 징계하며, 미래의 윤리학으로 이해된 진보에 대한 요구에 새로운 정의를 주장한다.

발달과 성장이라는 것은 복지와 사회적 화합에서 비롯된 두 가지 양식인가? 단연코 그렇지 않다. 작가는 비관주의에 빠지지 않으면서도 다소 어두운 시대적 도표를 작성한다. 생활윤리학 · 농업 · 환경론 및 새로운 통신 기술이 여기서는 비판적이면서도 개방적인 관점에서 언급된다.

과학과 기술을 혼동함에 따라 사람들은 무엇에 대해 말하고 있는지 더 이상 알지 못한다. 정치 분야와 도덕의 영역을 혼동함에 따라 무엇을 생각해야 할지 또한 더 이상 알지 못한다. 작가는 철학의 새로운 평가에 대해 옹호하고, 그래서 그는 미덕의 가장 근본인 용기를 주장한다. 그가 이 책에서 증명하기를 바라는 것은 두려움의 윤리에 대항하며, 방법을 아는 조건하에서는 모든 사람이 철학을 할 수 있다는 점인 것이다.

東文選 現代新書 87

산다는 것의 의미 · 1

— 여분의 행복

피에르 쌍소 / 김주경 옮김

"삶을 어떻게 살아야 하는가?"라는 물음에 대한 해답찾기!!

인생을 살 만큼 살아본 사람만이 이에 대한 대답을 할 수 있을 것이다. 영원한 것은 아무것도 없고, 변화 또한 피할 수 없다. 한 해의 시작을 앞둔 우리들에게 피에르 쌍소는 "인생이라는 다양한 길들에서 만나게 되는 예기치 않은 상황들을 대비할 수 있도록 도덕적 혹은 철학적인 성찰, 삶의 단편들, 끔찍한 가상의 이야기와 콩트, 이 세상에서 벌어지고 있는 참을 수 없는 일들에 대한 분노의 외침, 견디기 힘든 세상을 조금이라도 견딜 만하게 만들기 위한 사랑에의 호소 등등 여러 가지를 이 책 속에 집어넣어 보았다"는 소회를 전하고 있다. 노철학자의 삶에 대한 깊은 성찰이 고목의 나이테처럼 더없이 선명하게 다가온다.

변화를 사랑하고, 기다릴 줄 알고, 바라보는 법을 배우고, 자기 자신에게 인내를 가질 수 있게 하는 이 책 《산다는 것의 의미》는, 앞서의 두 권보다 문학적이며 읽는 재미 또한 뛰어나다. 죽어 있는 것 같은 시간들이 빈번히 인생에 가장 충만한 삶을 부여하듯 자신의 내부의 작은 목소리에 귀기울이게 하고, 그 소리를 신뢰케 만드는 것이 책의 장점이다.
진정한 삶, 음미할 줄 아는 삶을 살고, 내심이 공허한 사람이 되지 않도록 우리의 약한 삶을 보호할 줄 알며, 그 삶을 사랑하게 만드는 것이 피에르 쌍소의 힘이다.

이 책을 읽어 나가는 동안 우리는 의미 없이 번쩍거리기만 하는 싸구려 삶을 단호히 거부하고, 자기 자신에게로 돌아와 찬찬히 들여다볼 수 있는 시간을 갖게 될 것이다. 그리고 자신만의 희망적인 삶의 방법을 건져올릴 수 있을 것이다.